彩 图 注 音

中国少年儿童百科全书

先锋科技 尖端发明

黑龙江美术出版社

图书在版编目(CIP)数据

先锋科技 尖端发明 / 崔钟雷编. -- 哈尔滨：黑龙江美术出版社，2015.7
（中国少年儿童百科全书）
ISBN 978-7-5318-6671-8

Ⅰ. ①先… Ⅱ. ①崔… Ⅲ. ①科学知识－少儿读物②科学技术－创造发明－少儿读物 Ⅳ. ①Z228.1 ②N19-49

中国版本图书馆 CIP 数据核字（2015）第 158524 号

书　　名 / **先锋科技　尖端发明**

主　　编 / 崔钟雷
策　　划 / 钟　雷
副 主 编 / 王丽萍　姜丽婷　贺　蕾
责任编辑 / 周　烨
装帧设计 / 稻草人工作室
出版发行 / 黑龙江美术出版社
地　　址 / 哈尔滨市道里区安定街 225 号
邮政编码 / 150016
编辑版权热线 /（0451）55174988
销售热线 / 4000456703　（0451）55183001
网　　址 / www.hljmscbs.com
经　　销 / 全国新华书店

印　　刷 / 山东昊宣印刷传媒有限公司
开　　本 / 889mm × 1194mm　1/32
印　　张 / 3
字　　数 / 100 千字
版　　次 / 2015 年 7 月第 1 版
印　　次 / 2018 年 9 月第 2 次印刷
书　　号 / ISBN 978-7-5318-6671-8
定　　价 / 10.00 元

前言

孩子们从出生的那一刻起，就开始对各种事物充满好奇。奇妙的大陆变迁，悠久的历史文明，神秘莫测的外太空，恐龙的灭绝之谜……这些对孩子都充满着难以抗拒的吸引力。如果说世界是一个拥有无限知识的宝库，那么孩子们则是开启宝库大门的最佳人选。

本套《中国少年儿童百科全书》适合6~12岁的孩子阅读。图书共八册(附赠礼兜)，知识含量大，涉及范围广泛。丛书语言轻松幽默，通俗易懂，图文并茂，能够让孩子在轻松愉快的氛围下学习知识。书中设有百科知识的链接和图片解析，可对正文知识点作进一步的补充，以方便孩子的阅读和思维拓展。本套图书标注拼音，能够提高孩子们的自主学习能力，即使没有家长的陪同孩子们也可以进行自主阅读。

亲爱的小读者，还在等什么呢，快快翻开这本百科全书来探索未知的世界吧！希望你们能够在书中发现探索秘密的乐趣，收获更多的快乐。

编者

Contents……

目录

科学发现

CONTENTS……

目录

发明创造

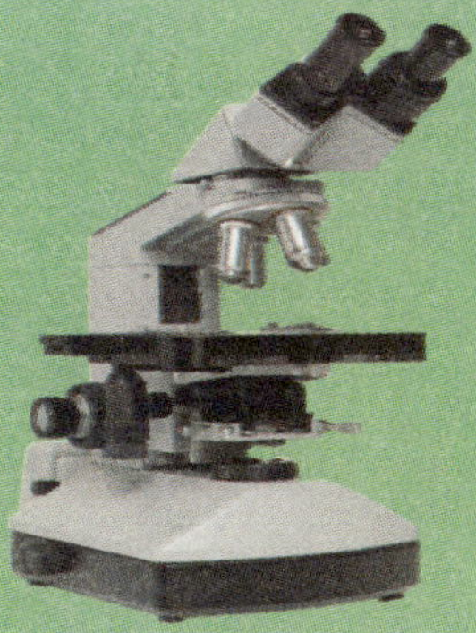

CONTENTS……
目录

科学发现

dì qiú wéi rào tài yáng zhuàn

地球围绕太阳转

zài gǔ dài yóu yú shòu dào shēng huó fàn wéi de zhì yuē rén men
在古代，由于受到生活范围的制约，人们
bìng bù zhī dào tài yáng xì de cún zài shèn zhì rèn wéi dì qiú shì yǔ zhòu
并不知道太阳系的存在，甚至认为地球是宇宙
de zhōng xīn rì yuè xīng chén dōu
的中心，日月星辰都
wéi rào zhe dì qiú yùn dòng zhè
围绕着地球运动，这
zhǒng guān diǎn bèi chēng wéi dì xīn
种观点被称为“地心
shuō dào le gōng yuán shì
说”。到了公元16世

妙问趣答

对“日心说”的说法错误的是：
A“日心说”是完全正确的
B“日心说”是哥白尼提出的
C“日心说”认为太阳是宇宙的中心

答案：A

jì gē bái ní jīng guò duō nián
纪，哥白尼经过30多年
de guān cè hé jì suàn tí chū le
的观测和计算，提出了
rì xīn shuō jí dì qiú shì
“日心说”，即“地球是
qiú xíng de tài yáng wèi yú yǔ zhòu
球形的，太阳位于宇宙
zhōng xīn dì qiú yǐ jí qí tā xíng
中心，地球以及其他行
xīng dōu yì qǐ wéi rào tài yáng zuò
星都一起围绕太阳做
yuán zhōu yùn dòng suī rán rì xīn
圆周运动。”虽然日心
shuō bìng bú shì wán quán zhèng què de dàn tā hái shi chén zhòng dǎ jī le
说并不是完全正确的，但它还是沉重打击了
jiào huì de yǔ zhòu guān shì rén lèi rèn shi yǔ zhòu de guò chéng zhōng de
教会的宇宙观，是人类认识宇宙的过程中的
yí gè lǐ chéng bēi
一个里程碑。

▲地球轨道的形状是一个接近正圆的椭圆，太阳位于椭圆的一个焦点上。

知识卡片

尼古拉·哥白尼出生于1473年2月19日。他曾攻读法律、医学和神学，并获得宗教法博士学位。哥白尼并不是职业的天文学家，他的大部分时间是在教堂担任教士，业余时间专注对天文学的研究。

rú yǐng suí xíng de zhòng lì
如影随形的重力

▲物体所受重力的方向总是竖直向下的。

dì qiú duì zài tā shàng miàn
地球对在它上面
de wù tǐ yǒu yì zhǒng xiàng xià de
的物体有一种向下的
lā lì zhè zhǒng lì jiào zuò zhòng
拉力，这种力叫作重
lì shù shang de píng guǒ huì luò dào
力。树上的苹果会落到
dì shang ér bú huì fēi dào kōng
地上，而不会飞到空
zhōng zhè shì yīn wèi shòu dào le zhòng lì de zuò yòng wù tǐ suǒ shòu
中，这是因为受到了重力的作用。物体所受
zhòng lì de dà xiǎo jiù shì zhòng liàng tóng yì wù tǐ zài bù tóng qíng kuàng
重力的大小就是重量。同一物体在不同情况
xià suǒ shòu zhòng lì bù tóng zài liǎng jí dì qū wù tǐ shòu dào de zhòng
下所受重力不同。在两极地区物体受到的重

lì yì bān yào bǐ chì dào fù jìn de
力一般要比赤道附近的
dà xiē lìng wài yì bān qíng kuàng
大些。另外，一般情况
xià wù tǐ lí dì miàn yuè gāo
下，物体离地面越高，
tā suǒ shòu dào de zhòng lì yuè xiǎo
它所受到的重力越小。

妙问趣答

重力是怎样产生的？
A 物体本身带有的
B 物体受到地球的吸引产生的
C 物体互相吸引产生的

答案：B

大开眼界

地面上体重是 50 千克的登山运动员，登上海拔 8 844.43 米的珠穆朗玛峰时，他的体重大约减轻了 0.14 千克，而把他送到距离地面 6 371 千米的高空中去，他的体重就只有 12.5 千克。

shén qí de fú lì
神奇的浮力

zài shēng huó zhōng wǒ men cháng huì kàn dào
在生活中，我们常会看到

zhè yàng de xiàn xiàng shù yè luò dào shuǐ miàn shang zài shuǐ miàn shang piāo
这样的现象：树叶落到水面上，在水面上漂

▲ 茶杯里的茶叶受浮力作用漂浮在水面上。

lái piāo qù yì kē shí zǐ diào jìn
来漂去；一颗石子掉进

shuǐ li xià chén sù dù huì jiǎn
水里，下沉速度会减

màn zhè qí shí shì fú lì zài qǐ
慢。这其实是浮力在起

zuò yòng fú lì shì zhǐ wù tǐ
作用。浮力是指物体

科普课堂

液体的密度越大，浮力也就越大。著名的死海盐度非常高，海水密度很大，使海水的浮力变大，人甚至可以躺在死海海面上看书。

妙问趣答

浮力定律是谁发现的？

A 牛顿

B 弗洛伊德

C 阿基米德

答案：C

zài jìn dào yè tǐ huò qì tǐ zhōng
在浸到液体或气体中
shí shòu dào yè tǐ huò qì tǐ xiàng
时，受到液体或气体向
shàng tuō de lì gǔ xī là zhé
上托的力。古希腊哲
xué jiā ā jī mǐ dé zài xǐ zǎo
学家阿基米德在洗澡
shí wú yì zhōng fā xiàn le fú lì yuán lǐ jí wù tǐ shòu dào de
时无意中发现了浮力原理，即物体受到的
fú lì děng yú wù tǐ pái kāi yè tǐ de zhòng lì zhè ge yuán lǐ yīn
浮力等于物体排开液体的重力。这个原理因
cǐ bèi chēng wéi ā jī mǐ dé yuán lǐ
此被称为“阿基米德原理”。

▲ 热气球利用空气加热后密度减小的原理产生浮力，从而漂浮在空中。

zhèn dòng chǎn shēng de shēng yīn

振动产生的声音

▲小提琴是依靠弓在弦上摩擦产生振动而发声的。

shēng yīn shì yóu wù tǐ zhèn dòng
声音是由物体振动
chǎn shēng de zhèng zài zhèn dòng fā shēng
产生的，正在振动发声
de wù tǐ jiào zuò shēng yuán shēng yīn
的物体叫作声源。声音
yǐ shēng bō de xíng shì chuán bō shēng
以声波的形式传播。声
yīn de chuán bō shì xū yào wù zhì de
音的传播是需要物质的，

zhè yàng de wù zhì jiào zuò jiè zhì
这样的物质叫作介质。
shēng yīn zài bù tóng jiè zhì zhōng de
声音在不同介质中的
chuán bō sù dù yě shì bù tóng
传播速度也是不同
de yì bān qíng kuàng xià shēng
的。一般情况下，声
yīn zài gù tǐ zhōng chuán bō de sù dù zuì kuài qí cì wéi yè tǐ
音在固体中传播的速度最快，其次为液体，
shēng yīn zài qì tǐ zhōng chuán bō de sù dù zuì màn zài zhēn kōng tiáo jiàn
声音在气体中传播的速度最慢。在真空条件
xià shēng yīn bú huì chuán bō zài
下，声音不会传播。在
xiāng tóng jiè zhì zhōng de xiāng tóng jù
相同介质中的相同距
lí shang wù tǐ zhèn dòng de yuè
离上，物体振动得越
jù liè shēng yīn jiù yuè dà
剧烈，声音就越大。

妙问趣答

声音在哪种介质中传播的最快？
A 固体
B 气体
C 液体

答案：A

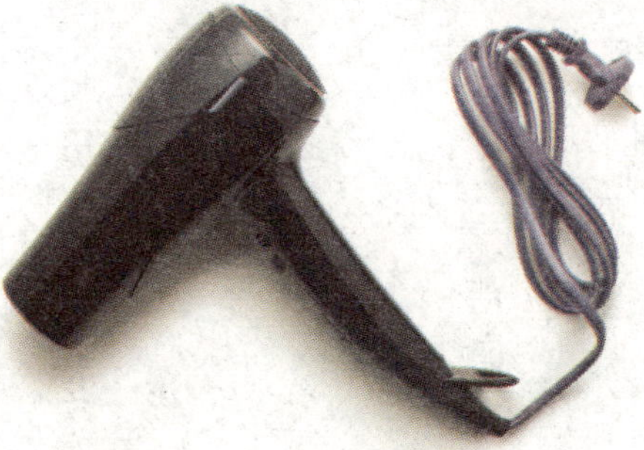

科普课堂

人类主要是通过声音来交流的，人耳能够接收到的最低音是物体每秒振动 20 次发出的声音，最高音是每秒振动 20 000 次发出的声音。声音震动频率过大或者过小都是人耳无法忍受的。

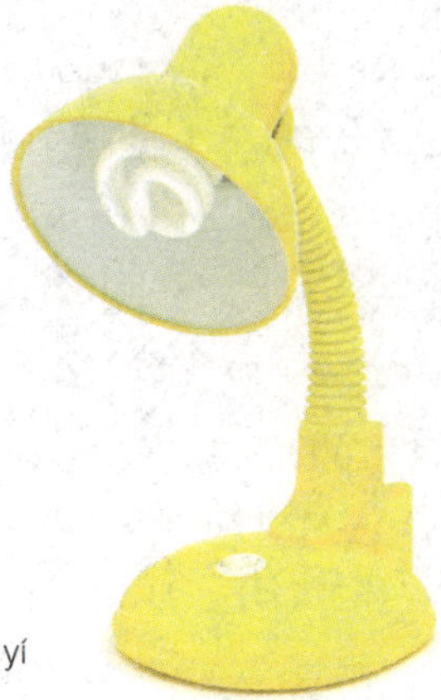

▲一般台灯所用的灯泡是白炽灯、节能灯泡，以及护眼灯。

zhào liàng shì jiè de guāng

照亮世界的光

guāng shì zhǐ rén yǎn suǒ néng kàn dào de yí
光是指人眼所能看到的一
xì liè diàn cí bō guāng shì tōng guò guāng yuán fā
系列电磁波。光是通过光源发
chu lai de guāng yuán yòu chēng fā guāng
出来的，光源又称发光
tǐ fán zì shēn zhèng zài fā guāng de
体，凡自身正在发光的
wù tǐ dōu kě bèi chēng wéi guāng yuán
物体都可被称为光源。
guāng kě yǐ zài zhēn kōng kōng qì huò zhě
光可以在真空、空气或者

知识卡片

真空中的光速为 299 792 458 米 / 秒，为宇宙中最快的速度。如果一架飞机以光速绕地球运行，那么在 1 秒钟的时间内，它能够绕地球运行 7.5 圈。

shuǐ děng tòu míng de wù zhì zhōng
水等透明的物质中
chuán bō guāng zhǐ yǒu zài jūn yún
传播，光只有在均匀
de wù zhì zhōng shì zhí xiàn chuán bō
的物质中是直线传播
de ér zài bù jūn yún de wù zhì
的，而在不均匀的物质
zhōng huì fā shēng piān yí guāng yuán kě yǐ shì zì rán de yě kě yǐ shì
中会发生偏移。光源可以是自然的也可以是
rén zào de qí zhōng tài yáng shì rén lèi zuì cháng jiàn de zì rán guāng
人造的，其中，太阳是人类最常见的自然光
yuán diàn dēng là zhú děng zé shì rén zào guāng yuán
源；电灯、蜡烛等则是人造光源。

妙问趣答

以下选项中，属于自然光源的是：

A 太阳

B 月亮

C 蜡烛

答案：A

bīn fēn de yán sè
缤纷的颜色

▲ 不同的颜色会对人的生理和心理产生不同的影响。

wǒ men de shì jiè zhī suǒ yǐ
我们的世界之所以
měi lì shì yīn wèi wǒ men shēng huó
美丽，是因为我们生活
de shì jiè chōng mǎn le wǔ cǎi bīn
的世界充满了五彩缤
fēn de yán sè lán sè de tiān kōng bái sè de yún duǒ lǜ sè de sēn
纷的颜色。蓝色的天空、白色的云朵、绿色的森
lín zì rán guāng shì yóu duō zhǒng yán sè de guāng
林……自然光是由多种颜色的光
hùn hé zài yì qǐ xíng chéng de wǒ men zhōu wéi de wù
混合在一起形成的，我们周围的物

妙问趣答

我们看到的颜色是哪种光?
A 被物体吸收的光
B 被物体反射的光
C 是物体本身发出的光

答案:B

zhì kě yǐ xī shōu qí zhōng yì xiē
质可以吸收其中一些
yán sè de guāng méi bèi xī shōu
颜色的光，没被吸收
de guāng zé bèi fǎn shè wǒ men de yǎn jing jiē shòu le zhè xiē bèi fǎn
的光则被反射。我们的眼睛接受了这些被反
shè de guāng xiàn bìng jiāng shōu dào de xìn hào chuán dì gěi dà nǎo jìn xíng
射的光线并将收到的信号传递给大脑进行
chǔ lǐ biàn xíng chéng le duì yán sè de gǎn zhī
处理，便形成了对颜色的感知。

大开眼界

颜色是光和人眼相互作用而产生的，只有在有光照的情况下，物体的颜色才能被人眼看见。在漆黑的夜晚或没有光线的室内，人眼是看不见物体的颜色的。

tòu míng de shuǐ

透明的水

shuǐ shì zì rán jiè zuì cháng jiàn de wù zhì zhī yī zài cháng wēn
水是自然界最常见的物质之一，在常温
xià wéi wú sè wú wèi tòu míng de yè tǐ shuǐ shì yóu qīng hé yǎng liǎng
下为无色无味透明的液体。水是由氢和氧两
zhǒng yuán sù zǔ chéng de wú jī
种元素组成的无机
wù huà xué shì wéi yè tài
物，化学式为H_2O。液态
shuǐ níng gù huì biàn chéng bīng zhēng
水凝固会变成冰，蒸
fā huì biàn chéng shuǐ zhēng qì shuǐ
发会变成水蒸气。水

妙问趣答

以下对水的说法正确的是：
A 水中含有多种化学元素
B 水是无色无味的
C 没有水，人类也能生存

答案：B

科普课堂

从太空看地球，地球是一个蔚蓝色的球体，之所以呈现蔚蓝色是因为地球表面71%以上都被水覆盖，因此地球可以算得上是一个大水球。

▲ 开水可以增进机体免疫功能，提高人体抗病能力。

shì wéi chí dì qiú shang suǒ yǒu shēng mìng
是维持地球上所有生命
tǐ shēng cún de zhòng yào zī yuán zài
体生存的重要资源，在
shēng mìng yǎn huà de guò chéng zhōng qǐ dào
生命演化的过程中起到
le zhòng yào zuò yòng dì qiú shang suī rán
了重要作用。地球上虽然
yǒu dà liàng shuǐ cún zài dàn shì kě lì
有大量水存在，但是可利
yòng de dàn shuǐ zī yuán què hěn shǎo yīn cǐ wǒ men yào jié yuē yòng shuǐ
用的淡水资源却很少，因此我们要节约用水。

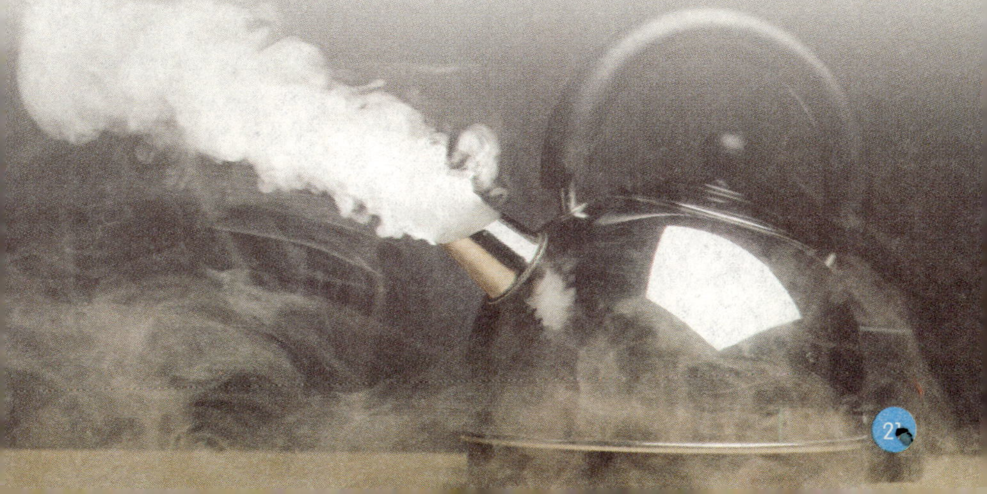

bàn nǐ zuǒ yòu de kōng qì
伴你左右的空气

kōng qì zhǐ de shì gòu
空气指的是构
chéng dì qiú zhōu wéi dà qì
成地球周围大气
de qì tǐ zài cháng wēn xià
的气体，在常温下
wú sè wú wèi suī rán wǒ
无色无味。虽然我
men kàn bu jiàn tā dàn shì
们看不见它，但是
tā què cháng bàn wǒ men zuǒ yòu kōng qì yóu duō zhǒng qì tǐ hùn hé
它却常伴我们左右。空气由多种气体混合

▲空气是人类一切生产生活活动都无法缺少的物质。

妙问趣答

空气中含量最大的成分是什么？
A 氧气
B 氮气
C 水蒸气

答案：B

ér chéng qí zhōng dàn qì zhàn
而成，其中氮气占
yǎng qì zhàn cǐ
78%，氧气占21%，此
wài hái yǒu shǎo liàng xī yǒu qì tǐ
外还有少量稀有气体、
shuǐ zhēng qì èr yǎng huà tàn hé
水蒸气、二氧化碳和
chén āi děng kōng qì zhōng de yǎng qì shì rén lèi yǐ jí qí tā suǒ
尘埃等。空气中的氧气是人类，以及其他所
yǒu xū yǎng shēng wù bì bù kě shǎo de shēng cún yào sù lìng wài kōng
有需氧生物必不可少的生存要素。另外，空
qì zhōng de èr yǎng huà tàn shì zhí wù jìn
气中的二氧化碳是植物进
xíng guāng hé zuò yòng de wù zhì lái yuán
行光合作用的物质来源。
rú guǒ méi yǒu kōng qì dì qiú shang de
如果没有空气，地球上的
yí qiè shēng wù dōu wú fǎ shēng cún
一切生物都无法生存。

知识卡片

长久以来，人们一直认为空气的组成成分是单一的。18世纪，法国科学家拉瓦锡用实验的方法得出，空气由氧气和氮气组成。19世纪之后，科学家们又陆续发现了空气中含有的其他成分。

gǔ guài de tiān qì

古怪的天气

▲ 飓风中心有一个风眼，风眼越小，破坏力越大。

tiān qì shì zhǐ dì qiú shang mǒu yí
天气是指地球上某一
dì qū zài yí duàn shí jiān nèi de dà qì
地区在一段时间内的大气
zhuàng tài jí qí biàn huà de zǒng chēng ér
状态及其变化的总称。而
tiān qì xiàn xiàng zé shì zài yí dìng de tiān
天气现象则是在一定的天
qì tiáo jiàn xià dì qiú dà qì zhōng fā
气条件下，地球大气中发
shēng de gè zhǒng zì rán xiàn xiàng bù tóng
生的各种自然现象。不同

大开眼界

随着人类对天气现象的不断了解，人们会对某一地区天气的大致走势做出预测，这就是天气预报。

de tiān qì xiàn xiàng shì zài bù tóng
的天气现象是在不同
de tiān qì tiáo jiàn xià chǎn shēng
的天气条件下产生
de fǎn yìng le dà qì zhōng bù tóng
的，反映了大气中不同
de wù lǐ guò chéng tiān qì shí fēn
的物理过程。天气十分
gǔ guài yě shí fēn duō biàn tóng yí dì qū zài bù tóng shí jiān huì chéng
古怪也十分多变，同一地区在不同时间会呈
xiàn chū bù tóng de tiān qì zhuàng tài tiān qì de zhǒng lèi yǒu hěn duō
现出不同的天气状态。天气的种类有很多，
rú qíng duō yún yīn yǔ xuě yǔ jiā xuě shā chén děng
如晴、多云、阴、雨、雪、雨夹雪、沙尘等。

妙问趣答

以下对天气的说法正确的是：

A 天气有很多种

B 同一地区只会出现一种天气

C 不同的天气条件下会产生相同的天气

答案：A

rè qíng de huǒ
“热情”的火

▲ 被火烧后的树干，病毒更容易入侵。

huǒ shì wù zhì rán shāo shí sàn fā
火是物质燃烧时散发
guāng hé rè de qiáng liè de yǎng huà fǎn
光和热的强烈的氧化反
yìng shì yì zhǒng shì fàng néng liàng de guò
应，是一种释放能量的过
chéng huǒ shì yì zhǒng xiàn xiàng ér bú shì wù zhì huǒ de kě jiàn
程。火是一种现象，而不是物质。火的可见
bù fen chēng wéi yàn huǒ yàn cóng jié gòu shang kàn fēn wéi yàn xīn
部分称为“焰”，火焰从结构上看分为焰心、

妙问趣答

以下对火的说法正确的是：
A 火是释放能量的过程
B 火是一种热量很高的物质
C 火焰各部分的温度是一样的

答案：A

zhōng yàn hé wài yàn qí zhōng wài
中焰和外焰，其中外
yàn de wēn dù zuì gāo yàn xīn de
焰的温度最高，焰心的
wēn dù zuì dī rén lèi duì huǒ de
温度最低。人类对火的
rèn shi hé shǐ yòng cóng yuán shǐ rén
认识和使用从原始人
lèi shí qī jiù yǐ kāi shǐ huǒ gěi yuán shǐ rén lèi dài lái le wēn
类时期就已开始。火给原始人类带来了温
nuǎn kuò dà le shí wù de lái yuán hé
暖、扩大了食物的来源和
zhǒng lèi yīn cǐ huǒ zài rén lèi wén míng
种类，因此火在人类文明
de lì chéng zhōng qǐ dào le bù kě huò quē
的历程中起到了不可或缺
de zuò yòng
的作用。

全世界每年平均发生森林火灾20多万次。

科普课堂

火的用途很多，但是广泛的用途也带来了用火安全问题。如果用火不当，就会造成火灾，给人们的生命和财产安全造成损失。

guǎng fàn yìng yòng de diàn

广泛应用的电

diàn shì zì rán jiè
电是自然界
zhōng de yì zhǒng xiàn xiàng
中的一种现象，
yě shì yì zhǒng néng liàng gōng
也是一种能量。公
yuán qián nián zuǒ yòu gǔ
元前600年左右，古
xī là zhé xué jiā tài lè sī
希腊哲学家泰勒斯
tōng guò shí yàn fā xiàn hǔ pò bèi sī chóu mó cā hòu jù yǒu le néng gòu
通过实验发现琥珀被丝绸摩擦后具有了能够

▲ 电熨斗可以将电能转化为热能，从而平整衣服和布料。

知识卡片

第二次工业革命开始，关于电的新发明层出不穷：从最初的电动机、发电机，到后来的电灯、电车，再到现如今的电视、电脑、手机，电器的发展日新月异。

xī yǐn xì xiǎo wù tǐ de néng lì
吸引细小物体的能力，
tā jiāng zhè zhǒng shén qí de néng lì
他将这种神奇的能力
chēng wéi diàn cóng dì èr cì
称为“电”。从第二次
gōng yè gé mìng kāi shǐ rén lèi fā
工业革命开始，人类发
míng le huǒ lì shuǐ lì fēng lì hé lì tài yáng néng děng duō zhǒng
明了火力、水力、风力、核力、太阳能等多种
fā diàn fāng shì diàn zuò wéi yì zhǒng néng yuán bèi guǎng fàn lì yòng diàn
发电方式，电作为一种能源被广泛利用。电
wèi rén lèi zài hēi àn zhōng tí gōng le guāng míng wèi wǒ men de shēng
为人类在黑暗中提供了光明，为我们的生
huó tí gōng le dòng lì
活提供了动力。

妙问趣答

最早给电命名的人是：
A 法拉第
B 富兰克林
C 泰勒斯

答案:C

huán bǎo de tài yáng néng

环保的太阳能

▲太阳能板是太阳能发电系统的核心部分。

tài yáng néng shì zhǐ tài yáng guāng
太阳能是指太阳光
chǎn shēng de fú shè néng liàng shì rén men
产生的辐射能量，是人们
zhèng zài jī jí kāi fā de yì zhǒng xīn
正在积极开发的一种新
néng yuán mù qián tài yáng néng yì bān yòng
能源。目前太阳能一般用
zuò fā diàn huò wèi rè shuǐ qì tí gōng néng liàng tài yáng néng shì bǐ jiào
作发电或为热水器提供能量。太阳能是比较
pǔ biàn de bú shòu dì yù de xiàn zhì tā wú dú wú hài shì yì zhǒng
普遍的，不受地域的限制；它无毒无害，是一种

妙问趣答

以下哪项不是太阳能的优点？
A 无毒无害
B 能量巨大
C 应用广泛

答案：C

qīng jié néng yuán tài yáng néng de
清洁能源；太阳能的
néng liàng jù dà ér qiě shǐ yòng
能量巨大，而且使用
shí jiān hěn cháng yīn cǐ zài
时间很长。因此，在
méi shí yóu tiān rán qì děng huà shí rán liào rì qū jiǎn shǎo de qíng kuàng
煤、石油、天然气等化石燃料日趋减少的情况
xià tài yáng néng yǐ jīng yuè lái yuè shòu dào rén men de zhòng shì chéng wéi
下，太阳能已经越来越受到人们的重视，成为
rén lèi shǐ yòng de néng yuán zhōng zhòng yào de zǔ chéng bù fen
人类使用的能源中重要的组成部分。

大开眼界

太阳能是由太阳内部的热核反应产生的。太阳辐射到地球表面的能量仅为其总辐射能量的 22 亿分之一，不过太阳每秒钟照射到地球上的能量就相当于 500 万吨煤燃烧时产生的能量。

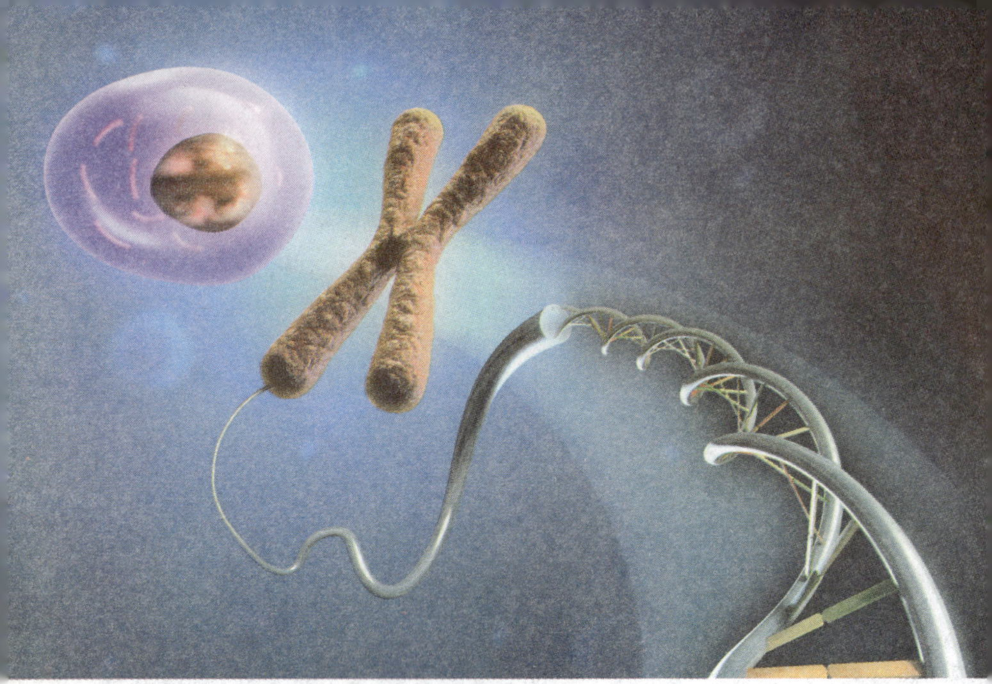

kàn bu jiàn de jī yīn

看不见的基因

wǒ men de shēn tǐ shì yóu wú shù de xì bāo suǒ zǔ chéng de

我们的身体是由无数的细胞所组成的，

zài xì bāo zhōng yǒu yì zhǒng jiào zuò tuō yǎng hé táng hé suān

在细胞中，有一种叫作脱氧核糖核酸（DNA）

de wù zhì zhè zhǒng wù zhì de

的物质，这种物质的

wài xíng xiàng shì liǎng gè pán xuán zài

外形像是两个盘旋在

yì qǐ de tán huáng zài

一起的弹簧。在DNA

zhōng yǒu yì xiē bāo hán yí chuán

中有一些包含遗传

妙问趣答

基因和DNA的关系是什么？

A 基因是DNA上的片段

B 基因就是DNA

C 基因中有许多DNA

答案：A

科普课堂

基因有两个主要特点：一是能进行自我复制，保持生命体生存的基本特征；二是能够突变，很多疾病都是由基因突变引起的。

xìn xī de piàn duàn zhè xiē piàn duàn jiù
信息的片段，这些片段就
shì jī yīn jī yīn shì yí chuán wù zhì
是基因。基因是遗传物质
de zuì xiǎo gōng néng dān wèi wǒ men bìng
的最小功能单位，我们并
bù néng kàn dào jī yīn dàn shì yí qiè
不能看到基因，但是一切
shēng mìng tǐ de shēng lǎo bìng sǐ
生命体的生、老、病、死
děng dōu yǔ jī yīn yǒu guān tā shì jué dìng shēng mìng tǐ shēng cún zhuàng
等都与基因有关，它是决定生命体生存状
kuàng de nèi zài yīn sù
况的内在因素。

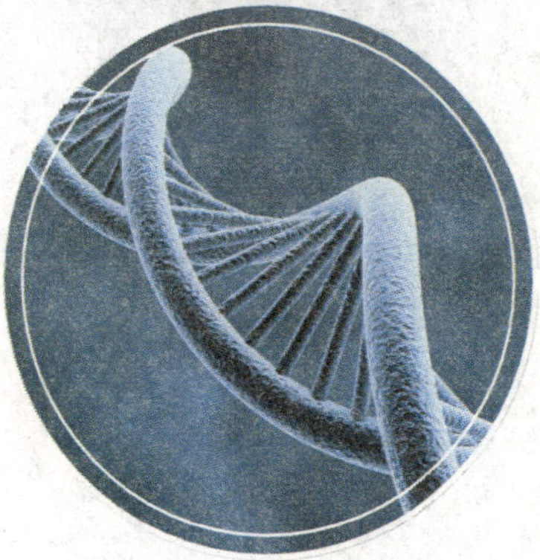

▲ 基因是遗传变异的主要物质。

▲ 侏儒症会导致身体短小和骨骼不成比例的生长。

kě pà de jí bìng
可怕的疾病

jí bìng shì zhǐ jī tǐ zài yí
疾病是指机体在一
dìng tiáo jiàn xià yīn zì shēn tiáo jié wěn
定条件下，因自身调节紊
luàn ér fā shēng de yì cháng shēng mìng
乱而发生的异常生命
huó dòng guò chéng jí bìng de zhǒng lèi
活动过程。疾病的种类
hěn duō gài kuò qi lai kě yǐ fēn wéi
很多，概括起来可以分为

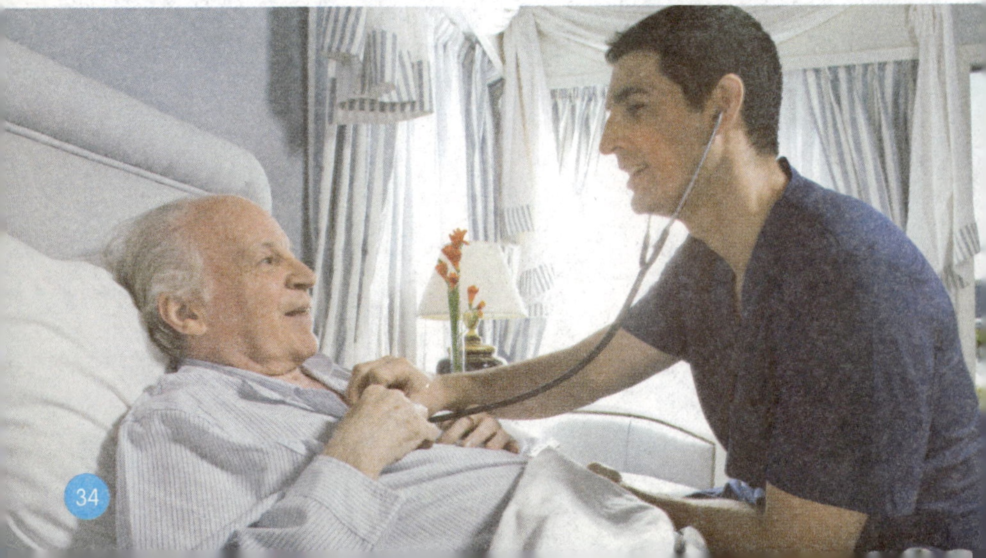

妙问趣答

疾病可以分为哪两大类？
A 可治愈的和不可治愈的
B 传染性疾病与非传染性疾病
C 轻度疾病和重度疾病

答案：B

传染性疾病与非传染性疾病两大类。每个人都会生病，疾病有轻重之分，轻度疾病会很快康复，重度疾病会长期在机体内留存，甚至导致死亡。目前，人类已经可以通过药物或手术等方法来减轻或消除大部分疾病患者的痛苦，但仍有一些疾病是人类目前还无法治疗的。

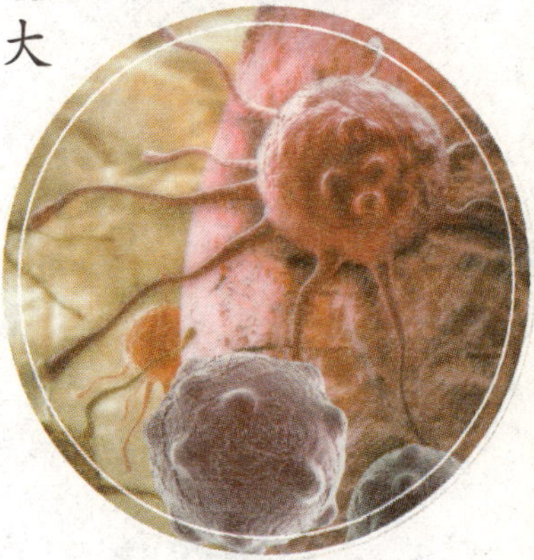

知识卡片

一些疾病是因为人们膳食不科学、不合理造成的，合理膳食对人们的身体健康至关重要。它不仅是预防疾病最基本、最重要的环节，也能够帮助我们增强体质，提高抵抗力。

dòng wù de dōng mián

动物的冬眠

▲ 冬季北极食物短缺，北极熊会进入冬眠状态。

dōng mián yě jiào dōng zhé shì yì
冬眠也叫冬蛰，是一
xiē dòng wù zài dōng jì shí biǎo xiàn chū
些动物在冬季时表现出
de shēng mìng huó dòng jí dī de zhuàng
的生命活动极低的状
tài zhè shì dòng wù men duì wài jiè bù
态，这是动物们对外界不
liáng huán jìng de yì zhǒng shì yìng zài héng wēn dòng wù zhōng bǔ rǔ dòng
良环境的一种适应。在恒温动物中，哺乳动
wù de dōng mián xiàn xiàng bǐ jiào cháng jiàn rú zōng xióng cì wei sōng
物的冬眠现象比较常见，如棕熊、刺猬、松

大开眼界

冬眠的诱发因素是多方面的。自然环境是影响动物冬眠的主要因素，如天气寒冷、白昼变短等。另外，食物的缺乏也是促成动物冬眠的因素之一。

鼠等都有冬眠的习惯。一些变温动物，如蛇、青蛙等也会有冬眠行为。在冬眠时，动物们的新陈代谢速率极慢、体温显著下降，只依靠消耗体内的脂肪来维持生命。直到第二年天气转暖，冬眠的动物们才会逐渐苏醒过来，开始正常的生命活动。

妙问趣答

以下哪项不是动物冬眠时的状态？

A 体温升高

B 体温降低

C 心跳减慢

答案：A

zhí wù de guāng hé zuò yòng
植物的光合作用

guāng hé zuò yòng shì hán yǒu
光合作用是含有
yè lǜ tǐ de zhí wù hé mǒu xiē dòng
叶绿体的植物和某些动
wù wēi shēng wù zài kě jiàn guāng
物、微生物在可见光
de zhào shè xià jiāng èr yǎng huà tàn
的照射下将二氧化碳
hé shuǐ děng wú jī wù hé chéng yǒu jī wù bìng shì fàng yǎng qì de guò
和水等无机物合成有机物并释放氧气的过
chéng guāng hé zuò yòng shì yí gè fù zá de néng liàng zhuǎn huà guò
程。光合作用是一个复杂的能量转化过
chéng yè lǜ tǐ shì zhè ge guò chéng zhōng zuì guān jiàn de cān yù zhě
程，叶绿体是这个过程中最关键的参与者。

妙问趣答

以下说法正确的是：

A 只有植物才能进行光合作用

B 叶绿体是光合作用的关键

C 光合作用是可有可无的

答案：B

科普课堂

光合作用所产生的能量十分巨大，地球上的植物每年通过光合作用能够合成 2 000 亿吨的有机物，是人类全部能耗的 10 倍。

发明创造

▲ 中国的书法是中国汉字特有的一种艺术形式。

wén zì
文字

wén zì shì rén lèi zuì wěi dà de fā
文字是人类最伟大的发
míng chuàng zào zhī yī zuì chū rén men tōng
明创造之一。最初，人们通
guò zài shéng zi shang dǎ jié lái jì lù shì
过在绳子上打结来记录事
qing hòu lái rén men rèn wéi huà tú jì lù shì qing bǐ jié shéng gèng jiā jiǎn
情，后来人们认为画图记录事情比结绳更加简
jié yì dǒng jiù kāi shǐ yòng tú huà dài tì
洁易懂，就开始用图画代替
jié shéng zhī hòu yòu yǒu rén zài mù
结绳。之后又有人在木

妙问趣答

英语和汉字的区别是什么?

答:英语以字母为基础,而汉字则是通过偏旁部首组合而成。

bǎn huò zhě zhú piàn shang kè xià jì
板或者竹片上刻下记
hào zuò wéi zì jǐ jì yì de fú
号作为自己记忆的符
hào suí zhe rén men jì lù fāng shì
号。随着人们记录方式
de bú duàn gǎi jìn biàn chū xiàn le
的不断改进,便出现了
wén zì bù tóng guó jiā de rén men shǐ yòng zhe bù tóng de wén zì bǐ
文字。不同国家的人们使用着不同的文字。比
rú yīng yǔ yǐ gè yīng wén zì mǔ wéi jī
如:英语以26个英文字母为基
chǔ zhè xiē zì mǔ zǔ hé ér chéng de dān
础,这些字母组合而成的单
cí biàn chéng wéi rén men hù xiāng jiāo liú de
词便成为人们互相交流的
wén zì ér hàn zì zé shì tōng guò piān
“文字”;而汉字则是通过偏
páng bù shǒu děng zǔ hé ér chéng de
旁部首等组合而成的。

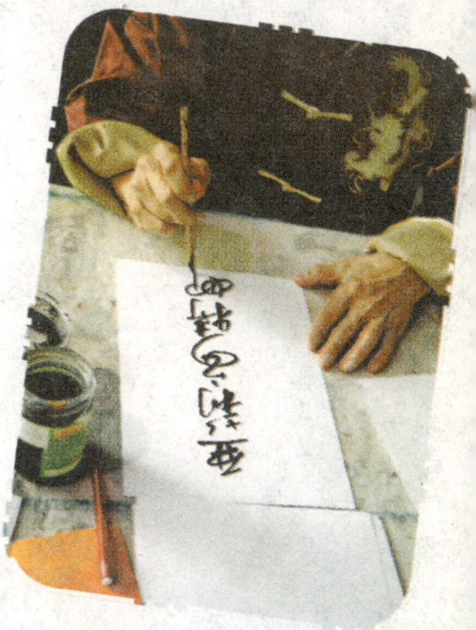

知识卡片

传说汉字是由仓颉创造的,但是总体来说,汉字应该是劳动人民在日常生活中总结出来的。中国汉字的发展历史十分悠久,不同朝代所使用的汉字也有所不同。

zào zhǐ shù

造纸术

▲蔡伦，字敬仲，是东汉著名宦官。

wǒ men de zǔ guó yōng yǒu wǔ qiān nián de yōu jiǔ lì shǐ zài zhè màn cháng de suì yuè zhōng gǔ rén wèi le jì zǎi lì shǐ hé chuán chéng wén huà cǎi yòng le gè zhǒng jì lù wén zì de fāng fǎ zuì zǎo rén men jiāng suǒ yào jì lù de wén zì kè zài guī jiǎ shàng miàn hòu lái jiàn

我们的祖国拥有五千年的悠久历史，在这漫长的岁月中，古人为了记载历史和传承文化，采用了各种记录文字的方法。最早，人们将所要记录的文字刻在龟甲上面，后来渐

jiàn fā zhǎn wéi lì yòng zhú jiǎn hé
渐发展为利用竹简和
bù bó jì lù wén zì zhǐ zhāng zuì
布帛记录文字。纸张最
zǎo shì zài hàn dài chǎn shēng de
早是在汉代产生的，
dāng shí zào zhǐ de yuán liào zhǔ yào
当时造纸的原料主要
wéi shù pí hé má bù gōng yì jiǎn lòu zhì chéng de zhǐ jì bù měi guān
为树皮和麻布，工艺简陋，制成的纸既不美观
yě bù jiān gù zài gōng yuán nián dōng hàn de cài lún gǎi jìn le
也不坚固。在公元105年，东汉的蔡伦改进了
zào zhǐ shù tā yòng shù pí pò bù yú wǎng děng yuán liào jīng guò cuò
造纸术，他用树皮、破布、鱼网等原料经过挫、
dǎo lǜ hōng děng gōng yì zhì zào chū le jià gé pián yi zhì liàng yōu
捣、滤、烘等工艺制造出了价格便宜、质量优
liáng de zhǐ zhè xiē gōng yì zhì jīn dōu wèi dāng jīn shì jiè suǒ guǎng fàn
良的纸。这些工艺至今都为当今世界所广泛
yìng yòng wèi wén huà de jìn bù zuò chū le bù kě mó miè de gòng xiàn
应用，为文化的进步做出了不可磨灭的贡献。

妙问趣答

下列说法不正确的是：

A 造纸术是蔡伦改进的

B 造纸的原料只有树皮

C 龟壳也可以记录文字

答案：B

大开眼界

除了纸之外，中国古代用于记事、书写文字的方法还有：结绳记事、甲骨镂刻、简牍缣帛等。但是由于这些书写的载体有的过于笨重，有的容易散乱不易保存，有的价格昂贵，因此无法普及推广。

huó zì yìn shuā

活字印刷

▲雕版印刷术在宋朝发展到了全盛时期。

yìn shuā shù yuán yú gǔ dài zhōng guó
印刷术源于古代中国，
huó zì yìn shuā shù de chú xíng shì diāo bǎn yìn
活字印刷术的雏形是雕版印
shuā shù diāo bǎn yìn shuā shù chū xiàn yú suí
刷术。雕版印刷术出现于隋
táng shí qī zuì chū shì yòng yú nóng shū hé
唐时期，最初是用于农书和
yī shū děng shū jí de yìn shuā běi sòng qìng lì
医书等书籍的印刷。北宋庆历
nián jiān bì shēng fā míng le huó zì yìn shuā
年间，毕昇发明了活字印刷

科普课堂

雕版印刷术是在木板上把所要印刷的图文刻上去，之后再用水墨印刷出来。这种印刷方式相对于活字印刷术来说过于复杂，每印刷一篇文字都要完整地将文章刻到木板上，这样不仅影响了印刷效率，也浪费了印刷材料。

shù dāng shí suǒ shǐ yòng de shì ní
术，当时所使用的是泥
huó zì wáng zhēn zài yuán dà dé èr
活字。王祯在元大德二
nián nián lì yòng mù huó
年（1298年）利用木活
zì yìn shuā gǎi jìn le yìn shuā cái
字印刷，改进了印刷材
liào de nài yòng chéng dù suí zhe huó zì yìn shuā shù de tuī guǎng hé pǔ
料的耐用程度。随着活字印刷术的推广和普
jí yòu chū xiàn le yǐ tóng xī qiān děng jīn shǔ zuò wéi yìn shuā gōng
及，又出现了以铜、锡、铅等金属作为印刷工
jù de huó zì yìn shuā shù yě shǐ huó zì yìn shuā jì shù dá dào le yí
具的活字印刷术，也使活字印刷技术达到了一
gè xīn de gāo fēng
个新的高峰。

妙问趣答

除了木材外还有哪些材料可用于活字印刷？

答：泥和铜、锡、铅等金属也可用于活字印刷。

huǒ yào

火药

huǒ yào zài huà xué jiè zhàn yǒu hěn zhòng yào de dì wèi shì rén
火药在化学界占有很重要的地位，是人
lèi wén míng lì shǐ shang yí gè jié chū de chéng jiù huǒ yào yuán yú gǔ
类文明历史上一个杰出的成就。火药源于古
dài de liàn dān shù zhì zuò huǒ yào de
代的炼丹术。制作火药的
yuán liào zhǔ yào yǐ liú huáng wéi zhǔ
原料主要以硫黄为主，
hùn hé qí tā huà xué wù zhì gēn jù
混合其他化学物质根据
yí dìng bǐ lì zhì zuò ér chéng huǒ
一定比例制作而成。火
yào zuì zǎo chū xiàn shí céng bèi yòng lái
药最早出现时，曾被用来

▲火药在军事上被用作炮弹的发射药。

妙问趣答

火药的主要原料是什么？

答：硫磺。

shā chóng hé zhì liáo wēn yì suí
杀虫和治疗瘟疫。随
zhe huǒ yào de guǎng fàn chuán bō
着火药的广泛传播，
rén men yòu jiāng huǒ yào yòng yú qí
人们又将火药用于其
tā yòng tú lì rú rén men zài
他用途，例如，人们在
guò nián shí fàng de bào zhú zhōng jiù hán yǒu huǒ yào de chéng fèn hòu lái
过年时放的爆竹中就含有火药的成分。后来
xī fāng rén yòu jiāng huǒ yào yòng lái zhì zuò wǔ qì huǒ yào zài zhàn zhēng
西方人又将火药用来制作武器，火药在战争
zhōng kāi shǐ bèi rén men lì yòng
中开始被人们利用。

▶ 火药出现后，人们将硝石、硫磺和木炭等材料填充在竹筒内，发明了“爆竹”。

知识卡片

现代人们根据火药的制作原理，发明了许多先进武器，例如原子弹、核弹，这些武器被投放到现代战场上之后是十分具有杀伤力的。

zhǐ nán zhēn
指南针

▲指南针在中国最早被应用于祭祀、礼仪与风水定位。

zhǐ nán zhēn yóu zhōng guó běi sòng
指南针，由中国北宋
shí qī de shěn kuò fā míng tā tōng guò lì yòng tiān rán cí shí mó cā gāng
时期的沈括发明，他通过利用天然磁石摩擦钢
zhēn zhì zuò zhǐ nán zhēn lìng wài yì zhǒng fāng fǎ jiù shì lì yòng dì qiú
针制作指南针。另外一种方法，就是利用地球
cí chǎng lái duì gāng zhēn jìn xíng cí huà zhǐ
磁场来对钢针进行磁化。指
nán zhēn de fā míng duì yú háng hǎi tàn xiǎn lái
南针的发明，对于航海探险来
shuō wú yí shì yí xiàng wěi dà de fā míng zhǐ
说无疑是一项伟大的发明，指

妙问趣答

最早发明指南针的国家是：

A 中国

B 美国

C 印度

答案：A

nán zhēn zài háng hǎi zhōng de shǐ yòng
南针在航海中的使用
shǐ de háng hǎi de chuán yuán men bì
使得航海的船员们避
miǎn mí shī fāng xiàng wèi tā men de
免迷失方向，为他们的
ān quán tí gòng le bǎo zhàng tóng
安全提供了保障，同
shí yě dà dà tuī jìn le háng hǎi shì yè de fā zhǎn zhǐ nán zhēn bù
时，也大大推进了航海事业的发展。指南针不
jǐn jǐn yòng yú háng hǎi rén men zài sēn lín zhōng mí lù
仅仅用于航海，人们在森林中迷路
shí yě kě yǐ tōng guò zhǐ nán zhēn zhǎo dào zhèng què de
时，也可以通过指南针找到正确的
fāng xiàng xiàn rú jīn wǒ men suǒ shǐ yòng de
方向。现如今我们所使用的GPS
dǎo háng xì tǒng yě shì gēn jù zhǐ nán zhēn de fā
导航系统也是根据指南针的发
míng ér jìn yí bù yǎn huà ér lái de
明而进一步演化而来的。

大开眼界

指南针的外形有很多种，司南也是指南针。司南的外形十分有趣，它由两部分组成，一部分用青铜制作而成，表面刻有方向标记的文字；另一部分则是一个用磁石做成的勺子，勺子的柄朝向南方。

chē lún

车轮

▲ 现代车轮由轮胎、轮辋和轮辐三部分组成。

chē lún de qián shēn shì táo tǔ zhì
车轮的前身是陶土制
chéng de lún zi rén lèi shǐ yòng lún zi
成的轮子，人类使用轮子
de lì shǐ kě yǐ zhuī sù dào duō
的历史可以追溯到6 000多
nián qián dāng shí gǔ rén shǐ yòng yì zhǒng yòng zhóu lián jiē de liǎng gè lún
年前。当时，古人使用一种用轴连接的两个轮
pán zhì zuò táo qì dào gōng yuán qián nián shí mù zhì de lún zi yǐ
盘制作陶器。到公元前3 000年时，木质的轮子已
jīng kāi shǐ bèi yòng yú yùn shū suí zhe kē jì de bú duàn fā zhǎn zhì zuò
经开始被用于运输。随着科技的不断发展，制作

chē lún de cái liào yě fēng fù qi lai
车轮的材料也丰富起来，
chú le táo hé mù tóu gāng xiàng jiāo
除了陶和木头。钢、橡胶
děng dōu kě zuò wéi zhì zuò chē lún de
等都可作为制作车轮的
yuán liào rú jīn dà duō shù de chē
原料。如今，大多数的车
lún dōu shì yòng gāng zhì chéng kuàng jià wài jiā xiàng jiāo lún tāi nèi bù chōng
轮都是用钢制成框架，外加橡胶轮胎，内部充
mǎn kōng qì hòu zhì chéng de zhè zhǒng chē lún xiāng duì yú qí tā cái zhì de
满空气后制成的，这种车轮相对于其他材质的
chē lún gèng jiā qīng biàn ér qiě nài yòng chē lún de
车轮更加轻便而且耐用。车轮的
fā míng duì yú yùn shū yè lái shuō jù yǒu shēn yuǎn
发明，对于运输业来说具有深远
de yǐng xiǎng bù jǐn tí gāo le yùn shū de sù
的影响，不仅提高了运输的速
dù yě jié shěng le rén lì wù lì
度，也节省了人力物力。

妙问趣答

木质的车轮最早出现在什么时候？
A 公元前 4000 年
B 公元前 3000 年
C 公元前 1000 年

答案：B

科普课堂

车轮的发明和直升机、雷达的发明一样，都受到了大自然的启发。在古书中有记载：“飞蓬”这种草叶片很大，茎很高，大风吹过被连根拔起就会随风旋转。通过这种草的特性，人们发明了车轴和车轮。

ā lā bó shù zì

阿拉伯数字

ā lā bó shù zì zài shù xué lǐng yù zhōng bèi guǎng fàn yìng yòng
阿拉伯数字在数学领域中被广泛应用，
yóu zhè shí gè shù zì zǔ chéng zài
由0,1,2,3,4,5,6,7,8,9这十个数字组成。在
gōng yuán shì jì gǔ yìn dù kē xué jiā fā míng le zhè zhǒng xíng tài
公元3世纪，古印度科学家发明了这种形态
jiǎn dān de shù zì fú hào hòu
简单的数字符号。后
lái gǔ ā lā bó rén gǎi jìn le
来，古阿拉伯人改进了
yìn dù shù zì de jì hào jìn wèi
印度数字的记号、进位
jì fǎ hé yùn suàn fāng shì bìng jiāng
记法和运算方式，并将

妙问趣答

阿拉伯数字是什么人发明的？
A 阿拉伯人
B 印度人
C 中国人

答案：B

qí chuán xiàng ōu zhōu zhī hòu ōu zhōu rén
其传向欧洲，之后欧洲人
yòu jiāng qí jìn xíng le xiàn dài huà de gǎi
又将其进行了现代化的改
jìn zhè yě shì ā lā bó shù zì míng zi
进。这也是阿拉伯数字名字
de yóu lái xiāng duì yú zhōng guó gǔ dài
的由来。相对于中国古代
suǒ yìng yòng de yī èr sān sì zhè xiē
所应用的一，二，三，四这些
biǎo shì shù zì de hàn zì lái shuō ā lā bó shù zì de shū xiě fāng shì
表示数字的汉字来说，阿拉伯数字的书写方式
gèng wéi jiǎn jié yě gèng róng yì fēn biàn duì shù xué de fā zhǎn qǐ dào
更为简洁，也更容易分辨，对数学的发展起到
le shí fēn zhòng yào de zuò yòng
了十分重要的作用。

▲ 公元前2100年，古巴比伦人最早使用了分数。

知识卡片

“0”的产生最晚出现在九世纪。用圆圈表示零，是数学史上的一个突破性发明。“0”的产生受到了佛教“一切皆空”思想的影响。

diàn dēng
电灯

diàn dēng zuì chū bèi rén men chēng wéi bái chì dēng shì yì zhǒng néng gòu jiāng diàn néng zhuǎn huà wéi guāng néng de zhào míng gōng jù
电灯最初被人们称为白炽灯，是一种能够将电能转化为光能的照明工具。

▲ 电灯是有寿命的，灯丝发黑后，电灯的寿命就不长了。

diàn dēng pào de wài ké shì bō li zhì chéng de wèi le fáng zhǐ dēng sī yǎng huà dēng pào nèi bù dà duō shì zhēn kōng huò yóu duò xìng qì tǐ chōng mǎn
电灯泡的外壳是玻璃制成的，为了防止灯丝氧化，灯泡内部大多是真空或由惰性气体充满。

diàn dēng tōng guò diàn chǎn shēng rè de yuán lǐ lái shǐ dēng sī fā guāng yīn
电灯通过电产生热的原理来使灯丝发光，因

此，所使用的灯丝的熔点必须很高。1879年，美国发明家爱迪生经过无数次试验，终于找到了最适合作为灯丝使用的金属——钨，并发明了世界上第一盏具有使用价值的电灯。电灯这一伟大发明使人类征服了黑暗的夜晚，为人们带来了持久的光明。

妙问趣答

爱迪生选择钨作为制造灯丝的材料是因为：

A 钨的熔点很高

B 钨的价格便宜

C 钨的导电性能好

答案：A

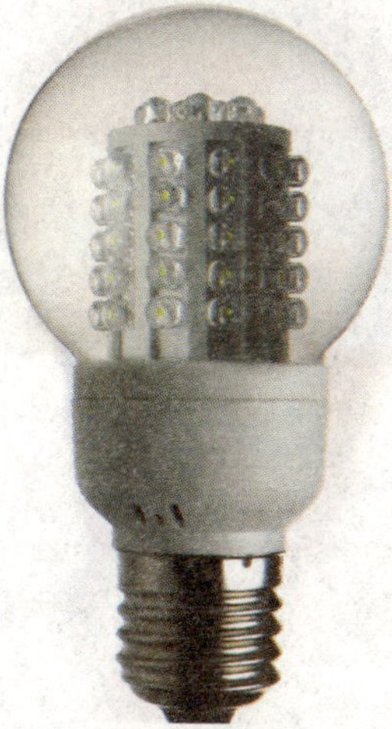

大开眼界

爱迪生是美国著名的发明家，他从小热爱科学发明。爱迪生不但发明了留声机、电灯、电报机等，还发现了橡胶这种新型的化工材料。爱迪生一生中共获得1 000多项发明专利，平均每十天就有一项新发明问世，为人类的科技发展做出了巨大贡献。

▲拨盘电话诞生于1929年的欧洲，其工艺复杂，造价昂贵。

diàn huà

电话

diàn huà shì měi guó rén bèi ěr yú
电话是美国人贝尔于
nián fā míng de qí gōng zuò yuán lǐ
1876年发明的，其工作原理
shì rén de shēng yīn tōng guò kōng qì zhèn dòng xíng chéng shēng bō hòu zuò
是：人的声音通过空气振动形成声波后作
yòng yú huà tǒng gēn jù shēng yīn de dà xiǎo
用于话筒，根据声音的大小
hé yīn diào de biàn huà shǐ diàn huà nèi
和音调的变化使电话内
bù de diàn liú chǎn shēng biàn huà
部的电流产生变化，

科普课堂

亚历山大·贝尔是美国的发明家和企业家。除了发明电话之外，贝尔还制造了助听器；改进了爱迪生发明的留声机。另外，贝尔还关心慈善事业，创立了英国聋哑教育促进协会。

diàn liú tōng guò chuán shū xiàn lù jìn
电流通过传输线路进
rù duì fāng diàn huà de tīng tǒng zài
入对方电话的听筒，再
jiāng diàn xìn hào zhuǎn huà wéi shēng
将电信号转化为声
yīn shēng yīn chuán rù ěr duo hòu
音，声音传入耳朵后
jiù wán chéng le tōng huà guò chéng suí zhe kē xué jì shù de bú duàn fā
就完成了通话过程。随着科学技术的不断发
zhǎn diàn huà yě zhú jiàn chū xiàn le zuò jī yí dòng diàn huà kě shì diàn
展，电话也逐渐出现了座机、移动电话、可视电
huà zhì néng diàn huà děng gè zhǒng xíng shì bú duàn gēng xīn de diàn zǐ chǎn
话、智能电话等各种形式，不断更新的电子产
pǐn yě shǐ rén men de gōu tōng fāng shì biàn de gèng jiā biàn jié qi lai
品也使人们的沟通方式变得更加便捷起来。

妙问趣答

下列选项中，不属于电话的是：
A 手机
B 收音机
C 座机

答案：B

yí dòng tōng xìn

移动通信

suí zhe kē xué jì shù de fā zhǎn
随着科学技术的发展，
yí dòng tōng xìn jì shù yě zhú jiàn bèi rén men shú zhī guǎng yì shang lái
移动通信技术也逐渐被人们熟知。广义上来
jiǎng yí dòng tōng xìn shì zhǐ yí dòng wù tǐ zhī jiān de tōng xìn huò zhě
讲，移动通信是指移动物体之间的通信，或者
yí dòng wù tǐ yǔ gù tǐ zhī
移动物体与固体之
jiān de tōng xìn zǎo qī de yí
间的通信。早期的移
dòng tōng xìn shì yòng yú huǒ chē
动通信是用于火车、
fēi jī lún chuán shàng miàn de
飞机、轮船上面的，

▲ 手机分为智能手机和非智能手机两种。

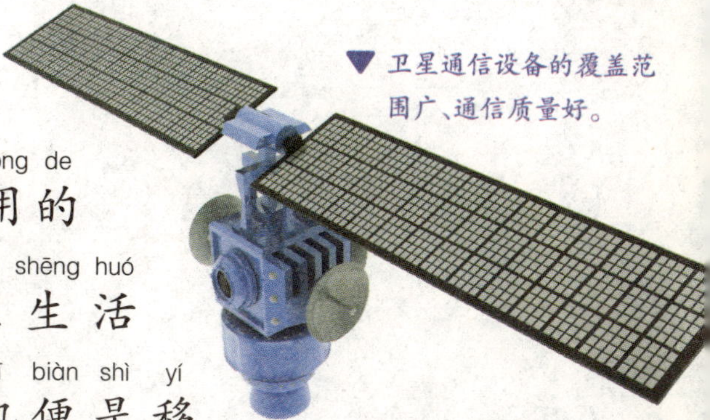

卫星通信设备的覆盖范围广、通信质量好。

dào le hòu lái zhú jiàn
到了后来，逐渐
yǎn huà wéi guǎng fàn shǐ yòng de
演化为广泛使用的
tōng xìn shè bèi xiàn zài shēng huó
通信设备，现在生活
zhōng cháng jiàn de shǒu jī biàn shì yí
中常见的手机便是移
dòng tōng xìn de chǎn wù zhī yī yí dòng tōng xìn zuì zǎo chū xiàn zài
动通信的产物之一。移动通信最早出现在20
shì jì nián dài zì dì yī dài yí dòng tōng xìn xì tǒng miàn shì yǐ
世纪70年代，自第一代移动通信系统面世以
lái yí dòng tōng xìn chǎn yè de fā
来，移动通信产业的发
zhǎn sù dù yě zài bú duàn jiā kuài
展速度也在不断加快，
yǐ chéng wéi shì jiè shang zuì zhǔ yào
已成为世界上最主要
de gāo kē jì chǎn yè zhī yī
的高科技产业之一。

妙问趣答

移动通信技术早期应用于哪些领域？

答：最早用于轮船、火车、飞机上，即包括了海、陆、空方面的移动通信。

知识卡片

移动通信的产物有很多种，它们在不同领域发挥着各自的作用。无线电台、移动电话、卫星通信技术，包括现在人们使用的3G或4G网络都是移动通信技术的产品。

shí zhōng
时钟

▲ 老式钟在整点时，钟摆会来回撞击发出声音。

zài shí zhōng bèi fā
在时钟被发
míng zhī qián rén men duì shí jiān de rèn shi hěn
明之前，人们对时间的认识很
mó hu dāng shí dà jiā tōng guò guān chá tài
模糊。当时，大家通过观察太
yáng de biàn huà lái pàn duàn shí jiān dàn zhè
阳的变化来判断时间，但这
zhǒng pàn duàn shí jiān de fāng fǎ bìng bù jīng
种判断时间的方法并不精
què zhí dào gōng yuán nián zhōng guó jié chū
确，直到公元723年，中国杰出

大开眼界

日晷是中国古代常用的一种计时器，其判断时间的方式是根据太阳的投影方向来划分时间。日晷由晷针和晷面两部分组成，晷面上刻有“子、丑、寅、卯、辰、巳、午、未、申、酉、戌、亥”十二个时辰，即现在时钟上面表示时间的 1~12 个数字。

妙问趣答

在时钟发明之前，人们是通过什么判断时间的？

A 动物的活动

B 太阳的变化

C 星星的运动

答案：B

的天文学家张遂发明了最早的计时器——“水运浑天仪”，人们的时间观念才有了很大的改变。在中国历史上，有日晷、沙漏、机械钟和石英钟这四代计时器。其中，石英钟是现在使用最广泛的一种计时器。制造石英钟最多的国家是中国，它的制造比例占全球的95%。随着科学技术的进步，又出现了电子时钟这一新兴产品，电子时钟的精确度相对于机械时钟更高。

▶ 石英钟的主要部件是一个稳定的石英振荡器。

zì xíng chē
自行车

▲ 骑自行车可以强身健体，强化心脏功能。

zì xíng chē shì yóu lún zhóu lún quān fú tiáo chē jià chē lún chē zuò chē zhá jiǎo dēng chē liàn děng zǔ chéng de yǒu liǎng gè lún zi de jiāo tōng gōng jù rén men tōng guò cǎi tà zì xíng chē de jiǎo dēng dài dòng yǔ jiǎo dēng lián jiē de chē liàn chē

自行车是由轮轴、轮圈、辐条、车架、车轮、车座、车闸、脚蹬，车链等组成的有两个轮子的交通工具，人们通过踩踏自行车的脚蹬，带动与脚蹬连接的车链，车

liàn shǐ liàn pán zhuàn dòng hòu yòu dài
链使链盘转动后又带
dòng chē lún zhuàn dòng shǐ zì xíng
动车轮转动，使自行
chē zì yóu xíng dòng suǒ yǐ zì xíng
车自由行动，所以自行
chē yòu bèi chēng wéi jiǎo tà chē zì
车又被称为脚踏车。自
xíng chē de zhǒng lèi duō yàng lì rú shān dì zì xíng chē duō rén dān
行车的种类多样，例如：山地自行车、多人单
chē zhé dié shì dān chē lǚ xíng dān chē děng yóu yú zì xíng chē de jié
车、折叠式单车、旅行单车等。由于自行车的结
gòu jiǎn dān jià gé dī lián yì yú jià
构简单，价格低廉，易于驾
shǐ ér qiě bù wū rǎn huán jìng hěn duō
驶，而且不污染环境，很多
rén dōu xǐ huan qí zhe zì xíng chē jìn xíng
人都喜欢骑着自行车进行
duǎn tú lǚ xíng
短途旅行。

妙问趣答

请例举出自行车有哪些种类。

答：降速单车、儿童单车、旅行单车、多人单车、山地车、折叠式单车、电动自行车等。

科普课堂

自行车的发明者是法国的西夫拉克，他发明的自行车的车轮是用木头制成的，驾驶起来相对困难，需要下车才能转向。真正具有现代形式的自行车的雏形则是在 1874 年被英国人罗松改进的。到了 1888 年，英国人约翰.K.斯塔利生产出了第一辆现代自行车。

nèi rán jī
内燃机

▲常见的内燃机有柴油机和汽油机两种。

wǒ men suǒ kàn dào de gè zhǒng
我们所看到的各种
chē liàng jiàn zhù jī xiè jūn shì shang
车辆、建筑机械，军事上
yòng dào de rú tǎn kè zhàn chē děng
用到的如坦克、战车等
wǔ qì dōu lì yòng
武器都利用
le nèi rán jī
了内燃机，
kě yǐ shuō nèi rán jī zài xiàn dài shè huì de fā zhǎn
可以说内燃机在现代社会的发展
zhōng zhàn yǒu hěn zhòng yào de dì wèi nèi rán jī bāo
中占有很重要的地位。内燃机包

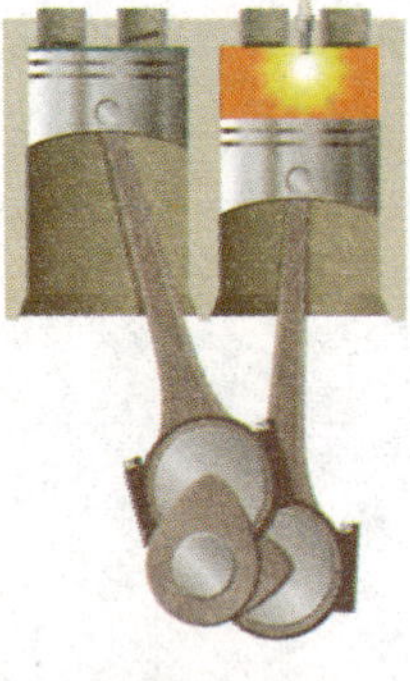

妙问趣答

内燃机的工作原理是什么呢？

答：热能转化为机械能。

kuò wǎng fù huó sāi shì nèi rán jī
括往复活塞式内燃机、
xuán zhuǎn huó sāi shì fā dòng jī hé
旋转活塞式发动机和
zì yóu huó sāi shì fā dòng jī xuán
自由活塞式发动机、旋
zhuǎn yè lún shì de rán qì lún jī
转叶轮式的燃气轮机
hé pēn qì shì fā dòng jī děng nèi rán jī de gōng zuò yuán lǐ shí fēn
和喷气式发动机等。内燃机的工作原理十分
yǒu qù jiǎn dān lái shuō jiù shì jiāng yè tǐ huò qì tǐ yǔ kōng qì hùn
有趣。简单来说，就是将液体或气体与空气混
hé zài shū rù dào qí nèi bù rán shāo chǎn
合，再输入到其内部燃烧产
shēng rè néng zuì hòu rè néng zhuǎn huà wéi jī
生热能，最后热能转化为机
xiè néng chē liàng jiù kě yǐ jiāng jī xiè néng
械能，车辆就可以将机械能
zhuǎn huà wéi zì shēn de dòng néng jìn xíng gōng zuò le
转化为自身的动能进行工作了。

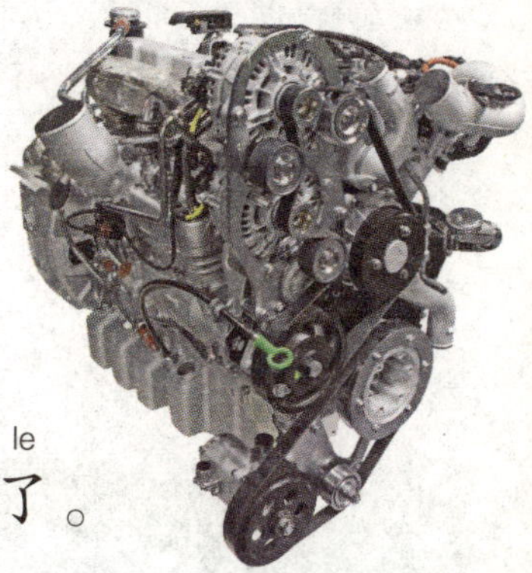

知识卡片

内燃机具有利用率高，功率范围广，适应性能好，结构紧凑，重量轻，体积小，消耗量少，操作方便等优点。然而，内燃机需要利用汽油或柴油作为燃料，并且对燃料的洁净度要求十分严格，对环境也有一定的污染。

qì chē
汽 车

qì chē shì dāng jīn shè huì shǐ yòng zuì guǎng fàn de yì zhǒng jiāo
汽车是当今社会使用最广泛的一种交
tōng gōng jù shì yóu dòng lì qū dòng jù yǒu gè huò gè yǐ shàng
通工具，是由动力驱动，具有4个或4个以上
chē lún de chéng zài chē liàng cóng
车轮的承载车辆。从
nián dé guó gōng chéng shī kǎ
1886年，德国工程师卡
ěr bēn cí fā míng le shì jiè shang
尔·奔茨发明了世界上

妙问趣答

下列选项中哪个不是汽车?
A 老爷车
B 过山车
C 面包车

答案:B

dì yī liàng xiàn dài qì chē kāi shǐ
第一辆现代汽车开始，
qì chē zhì zào jì shù xùn měng fā
汽车制造技术迅猛发
zhǎn qì chē de zhǒng lèi yě fēng
展，汽车的种类也丰
fù qi lai xiàn dài qì chē àn zhào
富起来。现代汽车按照
yòng tú dà tǐ shang fēn wéi pǔ tōng yùn shū qì chē lì rú chéng yòng
用途大体上分为普通运输汽车（例如：乘用
chē kè chē huò chē zhuān yòng qì chē bāo kuò zuò yè xíng hé yùn shū
车、客车、货车）、专用汽车（包括作业型和运输
xíng zhuān yòng qì chē yǐ jí tè shū yòng tú de qì chē jìng sài qì
型专用汽车），以及特殊用途的汽车（竞赛汽
chē hé yú lè qì chē děng
车和娱乐汽车等）
sān gè lèi xíng
三个类型。

▶ 运输型专用汽车有良好的适应性、工作可靠，有安全性装置。

大开眼界

随着汽车文化的发展，车展逐渐进入了人们的视线。国际公认的大型车展共有五个，即欧洲的法兰克福车展、巴黎车展和日内瓦车展；以及北美洲的北美车展和亚洲的东京车展。

huǒ chē
火车

zài huǒ chē bèi fā míng zhī qián rén men tōng cháng shì yī kào shēng
在火车被发明之前，人们通常是依靠牲
chù lái jìn xíng cháng tú lǚ xíng de zhí dào nián yīng guó rén sī
畜来进行长途旅行的。直到1814年，英国人斯
dì fēn sūn fā míng le zhēng qì jī chē
蒂芬孙发明了蒸汽机车
hòu huǒ chē kāi shǐ zǒu rù rén men de
后，火车开始走入人们的
shēng huó fāng biàn le rén men de
生活，方便了人们的
chū xíng wèi rén men jié shěng le
出行，为人们节省了

▼蒸汽机车由汽机、锅炉、车架、走行部和煤水车等部分组成。

科普课堂

日本新干线具有“子弹列车”的美誉。列车运行速度可达到 270 或 300 千米 / 时，曾经还创下了 443 千米 / 时的记录。日本新干线是世界闻名的高速铁路之一，同时也是世界上行驶过程最平稳的列车之一。

hěn duō shí jiān yóu yú zuì chū de
很多时间。由于最初的
huǒ chē shì yòng méi tàn hé mù cái zuò
火车是用煤炭和木材作
wéi rán liào de rán liào rán shāo shí
为燃料的，燃料燃烧时
huì fā chū huǒ guāng yīn cǐ bèi rén
会发出火光，因此被人
men chēng wéi huǒ chē huǒ chē shì yì zhǒng fēi cháng shí yòng de jiāo
们称为“火车”。火车是一种非常实用的交
tōng gōng jù tā suǒ xū de rán liào hěn shǎo ér qiě bú yì wū rǎn huán
通工具，它所需的燃料很少，而且不易污染环
jìng xiàn dài huǒ chē zhǔ yào gǎi wéi gèng jiā qīng jié gāo xiào de nèi rán jī
境。现代火车主要改为更加清洁高效的内燃机
chē hé diàn lì jī chē yùn xíng sù dù yě zài bú duàn tí shēng
车和电力机车，运行速度也在不断提升。

妙问趣答

蒸汽机车是谁发明的？
A 史蒂芬孙
B 爱迪生
C 瓦特

答案：A

fēi jī

飞机

fēi jī shì tōng guò jī yì

飞机是通过机翼

chǎn shēng zuò yòng yú jī tǐ de kōng qì dòng

产生作用于机体的空气动

lì shǐ qí néng gòu shēng kōng fēi xíng de fēi xíng qì cóng fǎng shēng xué

力，使其能够升空飞行的飞行器。从仿生学

de jiǎo dù lái jiǎng fēi jī lái zì yú duì niǎo lèi fēi xíng de mó fǎng

的角度来讲，飞机来自于对鸟类飞行的模仿。

nián fēi jī de fā míng zhě

1903年，飞机的发明者

lái tè xiōng dì jiù shì lì yòng niǎo

莱特兄弟就是利用鸟

lèi fǎng shēng xué yuán lǐ fā míng de

类仿生学原理发明的

fēi jī fēi jī yóu jī shēn jī

飞机。飞机由机身、机

妙问趣答

请选出下列飞机中与其他两种用途不同的一项：

A 轰炸机

B 客机

C 战斗机

答案：B

▼民航客机一般在对流层上端飞行，而军用飞机在平流层飞行。

yì jī wěi qǐ luò zhuāng zhì hé dòng lì zhuāng zhì děng gòu chéng zài
翼、机尾、起落装置和动力装置等构成。在
xiàn dài jiāo tōng gōng jù zhōng fēi jī xiāng duì yú qí tā jiāo tōng gōng jù
现代交通工具中，飞机相对于其他交通工具
jù yǒu sù dù gèng kuài gèng jiā ān quán shū shì děng yōu shì fēi jī fēn
具有速度更快，更加安全舒适等优势。飞机分
wéi mín yòng fēi jī hé jūn yòng fēi jī liǎng zhǒng lèi xíng mín yòng fēi jī
为民用飞机和军用飞机两种类型：民用飞机
bāo kuò kè jī hé yùn shū jī liǎng dà lèi lìng wài hái yǒu nóng yè jī
包括客机和运输机两大类，另外还有农业机、
yī liáo jiù hù jī yóu lǎn jī děng tè shū jī xíng jūn yòng fēi jī bāo
医疗救护机、游览机等特殊机型；军用飞机包
kuò zhàn dòu jī hōng zhà jī gōng jī jī hé lán jié jī děng
括战斗机、轰炸机、攻击机和拦截机等。

知识卡片

黑匣子是判断飞行事故原因最重要的证据。黑匣子的颜色是醒目的橙色，并不是黑色，它的学名叫作飞行信息记录系统。黑匣子包括驾驶舱话音记录器和飞行数据记录器两部分。黑匣子的记录时间范围是25小时以内。

lún chuán
轮 船

▲ 轮船的燃料有煤、煤油、重油和木头。

xiàn dài de lún chuán shì zhǐ lì yòng
现代的轮船是指利用
fā dòng jī zài shuǐ shang xíng shǐ de jiāo tōng
发动机在水上行驶的交通
gōng jù ér zuì chū de lún chuán shì tōng
工具，而最初的轮船是通
guò rén lì cǎi tà mù lún tuī jìn de chuán zhī lì shǐ shang dì yī sōu
过人力踩踏木轮推进的船只。历史上第一艘
zhēng qì jī lún chuán shì yóu měi guó
蒸汽机轮船是由美国
rén luó bó tè fù ěr dùn jiàn zào
人罗伯特·富尔顿建造
chu lai de zhè yí xiàng wěi dà fā
出来的，这一项伟大发
míng wèi rén lèi háng hǎi shì yè de
明为人类航海事业的

妙问趣答

请说出轮船的构成。

答：船体、船舶动力装置、船舶舾装和其他装备。

发展奠定了基础。轮船的构成包括：船体、船舶动力装置、船舶舾装和其他装备。另外，战争也是推进轮船性能优化的一个主要因素，人们会根据不同的作战方式制造出与作战环境相符的船只。

大开眼界

泰坦尼克号的沉没：泰坦尼克号（Titanic）的意思是巨大的，无与伦比的，也寓意着永不沉没。兴建于爱尔兰岛贝尔法斯特的哈兰德与沃尔夫造船厂，是当时最大的客运轮船。泰坦尼克号撞冰山沉没，引起了当时西方世界的极大震动。

diàn shì jī

电视机

diàn shì jī shì wǒ men rì cháng shēng huó zhōng bì bù kě shǎo de
电视机是我们日常生活中必不可少的
jiā yòng diàn qì wǒ men kě yǐ tōng guò diàn shì zhōng xiǎn shì chū de huà
家用电器，我们可以通过电视中显示出的画
miàn hé shēng yīn huò qǔ xìn xī huò fàng sōng jīng shén diàn shì jī de gōng
面和声音获取信息或放松精神。电视机的工

zuò yuán lǐ shì tōng guò jiē shōu diàn shì
作原理是通过接收电视
tái fā chū de xìn hào lì yòng diàn zǐ
台发出的信号，利用电子
xiàn lù fēn lí chū shì pín xìn hào hé
线路分离出视频信号和
yīn pín xìn hào zài tōng guò yíng guāng
音频信号，再通过荧光

píng hé lǎ ba zhuǎn huàn chéng tú
屏和喇叭转换成图
xiàng hé shēng yīn suí zhe kē xué
像和声音。随着科学
jì shù de fā zhǎn diàn shì jī de
技术的发展，电视机的
zhǒng lèi yě zài bú duàn zēng duō
种类也在不断增多，
shù zì diàn shì diàn nǎo diàn shì hù lián wǎng diàn shì diàn shì děng
数字电视、电脑电视、互联网电视、LED电视等
yǐ zhú jiàn róng rù le wǒ men de shēng huó
已逐渐融入了我们的生活，
fēng fù le wǒ men de xiū xián
丰富了我们的休闲
yú lè fāng shì
娱乐方式。

妙问趣答

电视机接收的信号是从哪发出的？

A 电视台

B 录制节目的地点

C 电线

答案：A

黑白电视机的画面常会弹出雪花，有时还会出现双影。

科普课堂

1925 年，英国工程师约翰·洛吉·贝尔德发明了第一台电视机。这台电视机的画面只有 5 厘米高，2.5 厘米宽。贝尔德在伦敦的一家小商店中向公众展示了自己的发明，并受到了当时社会的广泛关注。

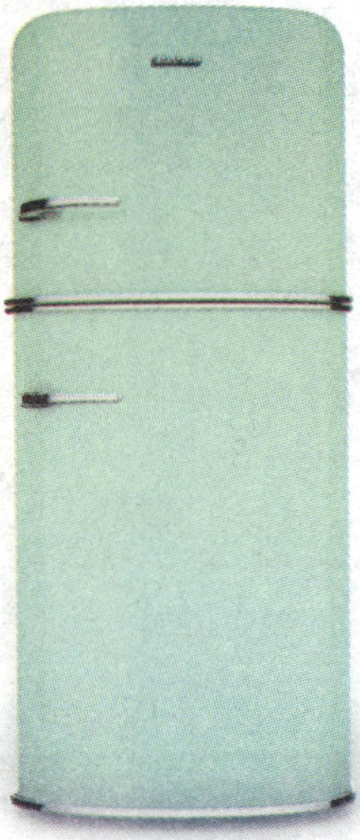

bīng xiāng
冰 箱

bīng xiāng shì yì zhǒng néng gòu bǎo chí héng dìng dī wēn de zhì lěng shè bèi duō yòng yú bǎo cún shí wù shì xiàn dài jiā tíng zhōng cháng jiàn de jiā yòng diàn qì xiàn dài yì yì shang de dì yī tái diàn bīng xiāng yú nián zài měi guó wèn shì bīng xiāng shì lì

冰箱是一种能够保持恒定低温的制冷设备，多用于保存食物，是现代家庭中常见的家用电器。现代意义上的第一台电冰箱于1910年在美国问世。冰箱是利

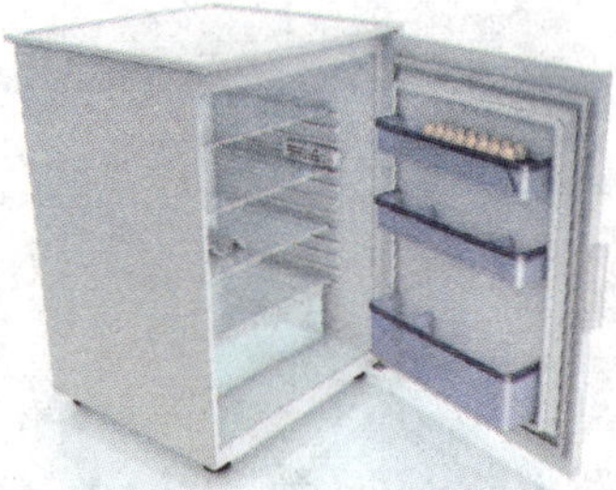

▲ 应减少冰箱的间断式使用，以延长冰箱的使用寿命。

知识卡片

冰箱一般分为两个部分。一部分是冷藏箱，用于保存不需要冻结的食物，能够在低温环境下保持食物的新鲜度；另一部分是冷冻箱，可以用来冷冻食物，延长食物的保质期。

yòng zhì lěng jì zhēng fā xī rè de
用制冷剂蒸发吸热的
yuán lǐ lái zhì lěng de bīng xiāng de
原理来制冷的。冰箱的
zhì lěng jì zhǔ yào yǒu mí liú suān
制冷剂主要有醚、硫酸
děng zuì cháng jiàn de jiù shì fú lì
等，最常见的就是氟利
áng fú lì áng wú dú wú fǔ shí shì fēi cháng ān quán de zhì lěng jì
昂，氟利昂无毒无腐蚀，是非常安全的制冷剂，
bèi bīng xiāng zhì zào shāng guǎng wéi shǐ yòng dàn shì yóu yú fú lì áng duì
被冰箱制造商广为使用，但是由于氟利昂对
chòu yǎng céng yǒu hěn dà wēi hài yīn cǐ xiàn zài de bīng xiāng zhì zào shāng
臭氧层有很大危害，因此现在的冰箱制造商
hěn shǎo cǎi yòng gāi huà xué wù zhì zuò wéi bīng xiāng zhì lěng jì le
很少采用该化学物质作为冰箱制冷剂了。

妙问趣答

冰箱的制冷剂主要有哪些？

答：醚、硫酸、氟利昂等。

kōng tiáo

空 调

kōng tiáo de quán chēng shì “kōng qì tiáo jié qì”, gù míng sī yì, jiù shì yòng lái tiáo jié shì nèi kōng qì de shī dù、wēn dù hé jié jìng dù de gōng jù。kōng tiáo yóu yā suō jī、lěng níng qì、zhēng fā

空调的全称是“空气调节器”，顾名思义，就是用来调节室内空气的湿度、温度和洁净度的工具。空调由压缩机、冷凝器、蒸发

妙问趣答

空调的制冷原理是什么?

A 利用风扇带动室内空气

B 制冷剂蒸发吸热

C 将电能转化为热能

答案:B

qì sì tōng fá hé dān xiàng fá máo xì guǎn zǔ jiàn zǔ chéng kōng tiáo
器、四通阀和单向阀毛细管组件组成。空调
de chú xíng kě yǐ zhuī sù dào gōng yuán qián nián zuǒ yòu dāng shí
的雏形可以追溯到公元前1 000年左右，当时
de bō sī rén lì yòng wū dǐng de fēng gān lìng shì wài de fēng chuān guò
的波斯人利用屋顶的风杆，令室外的风穿过

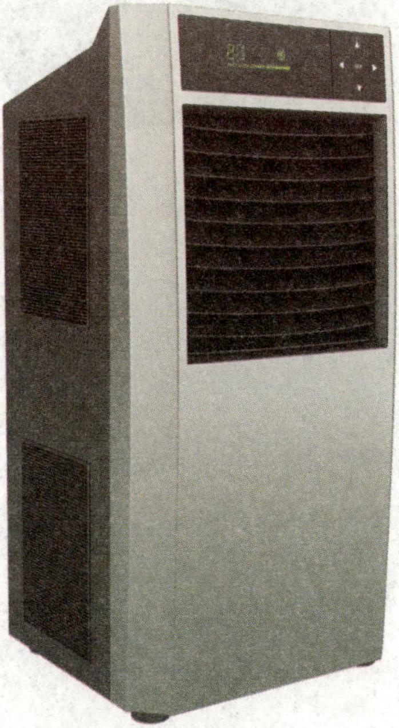

lěng shuǐ hòu chuī rù shì nèi jìn xíng
冷水后吹入室内进行
jiàng wēn xiàn jīn kōng tiáo zé shì lì
降温。现今空调则是利
yòng zhì lěng jì zhēng fā xī shōu rè
用制冷剂蒸发吸收热
liàng de yuán lǐ lái tiáo jié shì nèi
量的原理来调节室内
wēn dù de
温度的。

要避免长时间吹空调，以防止得空调病。

大开眼界

购买空调时主要查看蒸发器和冷凝器的肋片排列是否整齐。肋片要与紫铜管紧密连接；风扇的运转速度，高中低档速度都要检查；另外还要看压缩机是否有杂音，尽量挑选低碳环保的空调。

xǐ yī jī
洗衣机

▲滚筒式洗衣机的寿命一般是15~20年。

xǐ yī jī shì měi guó rén hàn mì ěr
洗衣机是美国人汉密尔
dùn shǐ mì sī yú nián fā míng de
顿·史密斯于1858年发明的，
shì yì zhǒng yǐ shuǐ zuò wéi qīng xǐ yè tǐ yòng yú qīng xǐ yī wù de
是一种以水作为清洗液体，用于清洗衣物的
jiā yòng diàn qì zhǔ yào yóu xiāng tǐ xǐ dí tuō shuǐ
家用电器，主要由箱体、洗涤脱水
tǒng zhuàn dòng hé kòng zhì xì tǒng děng
桶、传动和控制系统等
gòu chéng xǐ yī jī jī běn fēn wéi bō
构成。洗衣机基本分为波

妙问趣答

滚筒式洗衣机适合洗涤哪种物品？

A 羊毛丝绸等针织品

B 所有衣物

C 腈纶

答案：A

lún shì gǔn tǒng shì hé jiǎo bàn shì sān
轮式、滚筒式和搅拌式三
zhǒng lèi xíng tā men de gōng zuò
种类型，它们的工作
yuán lǐ dōu shì dài dòng shuǐ
原理都是带动水
hé yī fú bù tíng yùn
和衣服不停运
dòng cóng ér qù chú yī
动，从而去除衣
wù shang de wū zì dàn
物上的污渍，但
sān zhě yùn dòng fāng shì
三者运动方式
lüè yǒu bù tóng bō lún shì hé jiǎo bàn shì xǐ yī jī shì hé xǐ dí suǒ
略有不同。波轮式和搅拌式洗衣机适合洗涤所
yǒu yī wù gǔn tǒng shì xǐ yī jī shì hé xǐ dí yáng máo sī chóu děng
有衣物；滚筒式洗衣机适合洗涤羊毛、丝绸等
chún máo lèi de zhēn zhī pǐn
纯毛类的针织品。

▲洗衣机内筒要定期使用清洗剂进行清洗。

科普课堂

洗衣机在平时要多加维护。使用前应阅读说明书，了解产品特性；洗涤衣物时也要分类清洗；将衣物放入洗衣机前，要检查是否有金属混在衣物中，避免损坏洗衣机。

zhào xiàng jī

照相机

▲数码照相机的内部装有电池，可以取下来进行充电。

zhào piàn bāng zhù wǒ men jì lù le céng jīng de měi hǎo shí guāng fēng fù le wǒ men de huí yì zhè xiē dōu dé yì yú zhào xiàng jī de chū xiàn zhào xiàng jī de fā míng zhě dá gài ěr yú nián gēn jù guāng xué chéng xiàng yuán lǐ tōng guò shǐ yòng

照片帮助我们记录了曾经的美好时光，丰富了我们的回忆，这些都得益于照相机的出现。照相机的发明者L·达盖尔于1839年根据光学成像原理，通过使用

妙问趣答

现代照相机涉及到哪些方面的技术？

答：光学、精密机械、化学和电子技术。

底片来记录影像，发明出了世界上公认的第一台照相机。最早的照相机只有暗箱、镜头和感光材料三个部分组成，拍出来的照片都是黑白的。而现代照相机则是集光学、机械、化学和电子技术于一体，具有镜头、光圈、快门、测距、取景、自拍、调焦等功能的先进设备，它拍出来的照片是彩色的，而且质量更好。

知识卡片

曝光是指摄影师在打开快门的时候，光线透过镜头和光圈进入暗室，最后照在成像材料（底片）上的过程。

wàng yuǎn jìng
望远镜

wàng yuǎn jìng yòu jiào zuò qiān lǐ jìng
望远镜又叫作千里镜，
nián yóu yí wèi míng jiào hàn sī lì bó
1608年由一位名叫汉斯·利博
de hé lán yǎn jìng shāng rén
的荷兰眼镜商人
fā míng tā zài wú yì zhōng
发明，他在无意中
kàn dào liǎng gè xiǎo hái zi wán
看到两个小孩子玩
tòu jìng shí fā xiàn yuǎn chù de
透镜时发现远处的

大开眼界

哈勃空间望远镜是人类发明的第一个太空望远镜，它运行在距地面600千米高的外层空间轨道上。由于哈勃望远镜获得的图像不受大气层的干扰，所以能够获得很多清晰的宇宙天体图像。

wù tǐ biàn dà le xǔ duō yú shì tā jiù gēn jù tòu jìng hé fǎn shè jìng de guāng xué yuán lǐ jí tōng guò tòu jìng de guāng xiàn jīng guò zhé shè huò zhě shì guāng xiàn bèi āo jìng fǎn shè jìn rù xiǎo kǒng huì jù chéng xiàng zài jīng guò mù jìng fàng dà bèi guān chá dào de guò chéng jìn xíng le duō cì shì yàn hòu zhōng yú fā míng chū le wàng yuǎn jìng jīng guò le duō nián de fā zhǎn wàng yuǎn jìng de gōng néng dé dào le jí dà de gǎi jìn guān cè de jù lí yě yuè lái yuè yuǎn

物体变大了许多，于是他就根据透镜和反射镜的光学原理（即通过透镜的光线经过折射或者是光线被凹镜反射进入小孔汇聚成像，再经过目镜放大被观察到的过程），进行了多次试验后终于发明出了望远镜。经过了400多年的发展，望远镜的功能得到了极大的改进，观测的距离也越来越远。

妙问趣答

下列选项中哪些不是属于望远镜的组成部分？

A 透镜

B 目镜

C 铜镜

答案：C

望远镜可以使用三脚架固定住，以便观看。

háng tiān jì shù
航天技术

háng tiān jì shù shì yí xiàng yǐ tàn suǒ kāi fā hé lì yòng tài
航天技术是一项以探索、开发和利用太
kōng tiān tǐ wéi mù dì de gāo xīn jì shù háng tiān fēi jī yùn zài huǒ
空天体为目的的高新技术。航天飞机、运载火
jiàn tàn cè qì hé rén zào wèi xīng
箭、探测器和人造卫星
děng dōu shì háng tiān jì shù fā zhǎn
等都是航天技术发展
de chǎn wù háng tiān jì shù shì lì
的产物。航天技术是利
yòng háng tiān qì zài dì qiú yǐ wài
用航天器在地球以外，

妙问趣答

下列选项中与航天技术无关的是：

A 宇宙飞船
B 运载火箭
C 飞机

答案：C

jí tài yáng xì nǎi zhì yú tài yáng xì zhī wài de yǔ zhòu kōng jiān kāi zhǎn
即太阳系乃至于太阳系之外的宇宙空间开展
de yí xì liè de tàn suǒ huó dòng mù qián rén lèi shè zhì de yǔ zhòu
的一系列的探索活动。目前人类设置的宇宙
kōng jiān zhàn hé wèi xīng dōu shì rén lèi tàn suǒ yǔ zhòu qǔ dé de jiē
空间站和卫星，都是人类探索宇宙取得的阶
duàn xìng chéng guǒ yǔ háng yuán bǎ cóng wài
段性成果，宇航员把从外
tài kōng huò dé de zhòng yào fā xiàn hé xìn
太空获得的重要发现和信
xī tōng guò yǔ zhòu kōng jiān zhàn chuán dì dào
息通过宇宙空间站传递到
dì qiú shang yǒu shí yě huì bǎ dì qiú
地球上，有时也会把地球
shang de zhí wù zhǒng zi dài dào tài kōng
上的植物种子带到太空
qù dài zhǒng zi huí dào dì qiú shang hòu
去，待种子回到地球上后
jìn xíng zhòng zhí yǐ péi yù xīn wù zhǒng
进行种植，以培育新物种。

▼运载火箭可以将空间站、人造地球卫星和空间探测器等送入预定轨道。

科普课堂

美国的阿波罗登月计划是人类航天史上的一个巨大里程碑。以宇航员阿姆斯特朗为代表的登月小组驾驶阿波罗11号宇宙飞船登上了月球表面，开创了人类探索宇宙的新纪元，这是一个人的小小一步，但是对整个人类来说却是迈出了一大步。

jī qì rén
机器人

jī qì rén zhǐ de shì yì zhǒng jí diàn
机器人指的是一种集电
zǐ jī xiè jì suàn jī fǎng shēng xué lǐ lùn
子机械、计算机、仿生学理论
yú yì tǐ de gāo xīn jì shù chǎn wù zài gōng yè nóng
于一体的高新技术产物，在工业、农
yè jūn shì děng lǐng yù dōu fā huī
业、军事等领域都发挥
zhe jù dà de zuò yòng jī qì rén
着巨大的作用。机器人
yóu zhí xíng jī gòu qū dòng zhuāng
由执行机构、驱动装

妙问趣答

下列哪项不是机器人的组成部分？

A 驱动装置

B 执行机构

C 简单机械

答案：C

zhì　jiǎn cè zhuāng zhì　kòng zhì xì
置、检测装置、控制系
tǒng hé fù zá jī xiè zǔ chéng　bù
统和复杂机械组成。不
tóng lèi xíng de jī qì rén yě yǒu
同类型的机器人也有
bù tóng de xíng tài　jī qì rén yǒu
不同的形态，机器人有
dà yǒu xiǎo　xiǎo de shèn zhì zhǐ yǒu mǐ lì dà xiǎo　suí zhe jī qì rén
大有小，小的甚至只有米粒大小。随着机器人
yán jiū de bú duàn fā zhǎn　jī qì rén huì yuè lái
研究的不断发展，机器人会越来
yuè zhì néng huà　rén lèi zài yǔ jī qì rén gōng zuò
越智能化，人类在与机器人工作
shí yě huì gèng jiā dé xīn yìng shǒu
时也会更加得心应手。

机器人按照预先编排的程序完成各种指令。

知识卡片

中国最早出现的木头机器人，是西周时期的一位工匠偃师利用动物的皮、木头及树脂制作而成，当时这种机器人的职能是代替伶人跳舞的。古代最早用于军事战争的机器人则是蜀国丞相诸葛亮发明的“木牛流马”，用于运输军用物资。

qiāng xiè
枪械

qiāng xiè shì zhǐ lì yòng huǒ yào rán qì néng liàng fā shè dàn wán de
枪械是指利用火药燃气能量发射弹丸的
jù yǒu shā shāng lì de shè jī wǔ qì qiāng xiè de fā zhǎn lì shǐ shí
具有杀伤力的射击武器。枪械的发展历史十
fēn yōu jiǔ zhōng guó gǔ dài de qiāng zuì chū shì yǐ zhú guǎn wéi qiāng
分悠久，中国古代的枪最初是以竹管为枪
guǎn lì yòng hēi huǒ yào fā shè dàn wán dàn shì qí shè chéng bù zú
管，利用黑火药发射弹丸，但是其射程不足
mǐ bú jù yǒu shā shāng
100米，不具有杀伤
lì hòu lái suí zhe qiāng xiè de bú duàn gǎi
力。后来，随着枪械的不断改

妙问趣答

下列枪械哪项不是用于军事方面的？

A 左轮手枪

B 狙击枪

C 水枪

答案：C

进，制作枪械的材质和弹丸的成分有了很大变化，杀伤力和射程也大大提高。大部分枪主要用于战争，尤其是在近现代战争中的使用处于主导地位，现代枪械分为：手枪、步枪、卡宾枪、冲锋枪、机枪和其他特殊用途的枪（信号枪和空气枪等）。

▲ 冲锋枪的枪管较短，使用容量较大的弹匣供弹。

大开眼界

枪械的自动原理主要分为管退式、导气式和枪机后坐式三个类型。人们通过对战术要求和技术特点的分析，采用不同类型的自动原理的枪械。

雷达

雷达是一种通过发射电磁波探测目标的位置、距离、高度等信息的无线电定位装置，在军事和导航领域被广泛应用。雷达最早出现在第二次世界大战时期。英

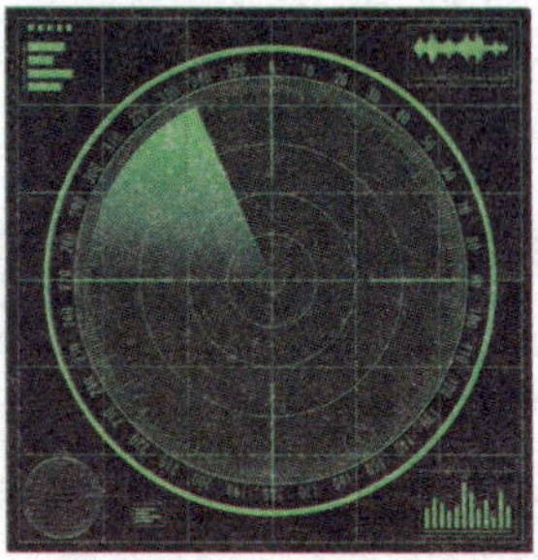

▲雷达显示器最常用的显示器件是阴极射线管。

科普课堂

雷达不受云雨和雾的影响，并且无论白天还是黑夜都能探测远距离的目标，而且雷达发射的电磁波穿透能力很强。

dé liǎng guó jiāo zhàn shí yīng guó bù
德两国交战时，英国不
jǐn lì yòng léi dá lái tàn cè dé guó
仅利用雷达来探测德国
fēi jī de wèi zhì hé gāo dù hái
飞机的位置和高度，还
tōng guò léi dá jìn xíng dí wǒ shí
通过雷达进行敌我识
bié léi dá shì gēn jù fǎng shēng xué yuán lǐ fā míng de rén men tōng guò
别。雷达是根据仿生学原理发明的，人们通过
guān chá biān fú jiāng cóng hóu bù fā chū de chāo shēng bō fā shè chu qu
观察蝙蝠将从喉部发出的超声波发射出去，
bìng jiē shōu fǎn shè huí lai de shēng bō lái què dìng fāng xiàng wǒ men jiāng
并接收反射回来的声波来确定方向，我们将
zhè ge guò chéng chēng wéi huí shēng dìng wèi
这个过程称为“回声定位”。

妙问趣答

雷达是仿效哪种动物发明的？
A 昆虫的触须
B 海豚的超声波
C 蝙蝠的“回声定位”

答案：C

qīng méi sù

青霉素

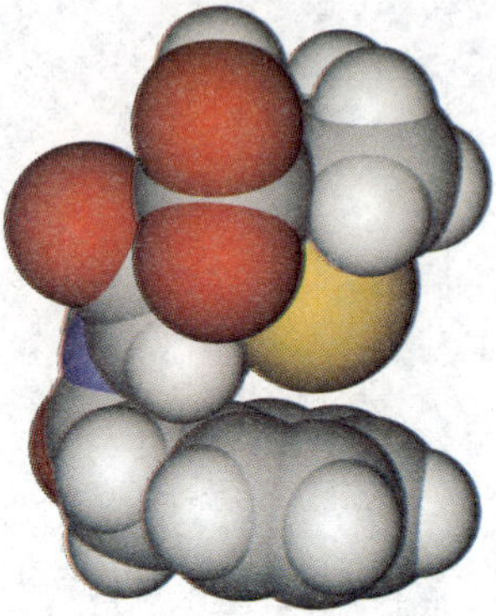

▲每次使用青霉素前必须做皮试，以防止过敏。

qīng méi sù yòu jiào pán ní xī lín shì yì zhǒng hěn cháng yòng de kàng jūn yào pǐn zài dì èr cì shì jiè dà zhàn qī jiān bèi shǒu cì yìng yòng wǎn jiù le wú shù bīn sǐ shāng yuán yóu yú dāng shí qīng méi sù fēi cháng áng guì hé xī yǒu céng yí dù bèi rén men fèng wéi shén yào qīng méi sù yú nián bèi yīng guó xì jūn xué jiā fú

青霉素又叫“盘尼西林”，是一种很常用的抗菌药品，在第二次世界大战期间被首次应用，挽救了无数濒死伤员，由于当时青霉素非常昂贵和稀有，曾一度被人们奉为“神药”。青霉素于1928年被英国细菌学家弗

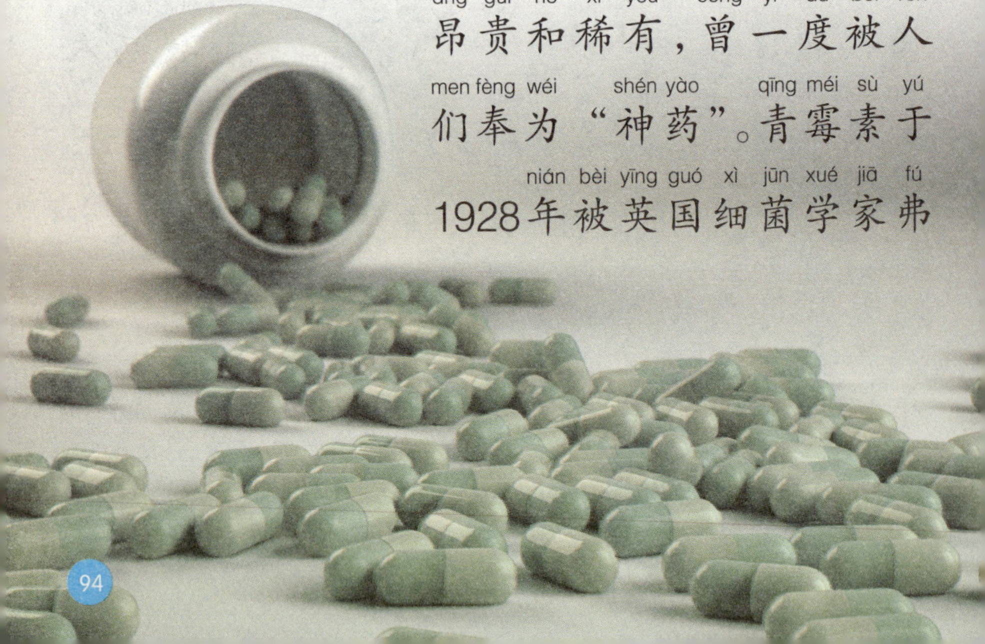

lái míng fā xiàn fú lái míng yě
莱明发现，弗莱明也
bèi hòu rén yù wéi qīng méi sù zhī
被后人誉为“青霉素之
fù dàn shì fú lái míng bìng bù
父”，但是弗莱明并不
néng yǒu xiào tí qǔ gāo chún dù de
能有效提取高纯度的
qīng méi sù hòu lái fú luò lǐ hé qián ēn jīng guò wú shù cì de shì
青霉素。后来，弗洛里和钱恩经过无数次的试
yàn chéng gōng tí qǔ le chún dù jiào gāo de qīng méi sù jīng tǐ
验，成功提取了纯度较高的青霉素晶体。1943
nián yuè qīng méi sù zhōng yú
年10月，青霉素终于
kāi shǐ pī liàng shēng chǎn
开始批量生产，
zhěng jiù le wú shù bìng rén
拯救了无数病人
de shēng mìng
的生命。

妙问趣答

请说出对青霉素的发现和提取具有重大贡献的科学家名字。

答：弗莱明、弗洛里、钱恩。

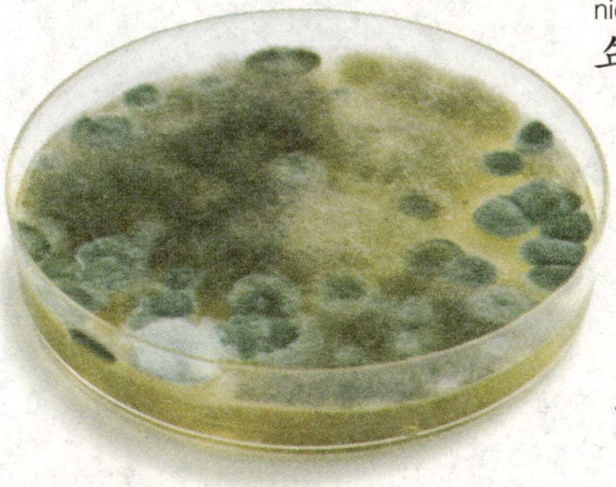

知识卡片

青霉素不可与同类抗生素、磺胺和四环素、氨基糖苷类等药物联用，否则会产生联合反应，重者危及生命。